滕阁读书
TENGGE READING

有情有趣接新班

主　编：杨雪梅

副主编：王迎军　王永维　车　英

江西教育出版社
JIANGXI EDUCATION PUBLISHING HOUSE
·南昌·

图书在版编目（CIP）数据

有情有趣接新班 / 杨雪梅主编. -- 南昌 : 江西教育出版社，2023.6
ISBN 978-7-5705-3663-4

Ⅰ. ①有… Ⅱ. ①杨… Ⅲ. ①中小学－班级－学校管理 Ⅳ. ①G632.421

中国国家版本馆CIP数据核字（2023）第085901号

有情有趣接新班

YOUQING YOUQU JIE XINBAN

杨雪梅 主编

江西教育出版社出版
（南昌市学府大道299号 邮编：330038）

出 版 人：熊 炽
责任编辑：苏晓丽

各地新华书店经销
江西省和平印务有限公司印刷
880毫米×1230毫米 32开本 7.625印张 156千字
2023年6月第1版 2023年6月第1次印刷

ISBN 978-7-5705-3663-4
定价：38.00元

总编室电话：0791-86705643 编辑部电话：0791-86708350
投稿邮箱：JXJYCBS@163.com 网址：http://www.jxeph.com

序

再进一步，让成长更精彩

2019年元旦那天，《中国教师报·教师成长周刊》主编宋鸽走进了荣成。宋主编这次采访关注的是“一个特教老师发起的教师读写共同体究竟是如何实现了爆发式的成长，又是如何把这种成光之光不断地蔓延到了学生、家长身上的”。那时，我所组建的雪梅读写团队刚刚成立一周年，老师们在各类教育报刊上发表了100多篇文章，并在荣成市范围内开展了30余场公益读写指导活动。

雪梅读写团队中，教师发展的“质”和成长的“量”在国内都首屈一指。在外界看来，我完全可以安安稳稳地“躺平”在现有的成果上，但习惯了思考更习惯了行动的我，却不想就此止步不前。“如果老师们只是碰到了什么教育事件就写什么，这样的分析研究还是零散而肤浅的，下一步可不可以做更有系统的成长研究？”带着这样的思考，我在一片混沌当中努力地找寻着可能的前路。

我是一个从中师毕业起就一直在特殊教育一线工作的教师，近20年的时间里陪伴一拨又一拨的孩子走出了校园，但他们有的连自己的名字都写不全，还有的连10个手指扒拉数数都有困难，这样的学习和能力状况，显然并没有让我做到教学相长。可是，我的读写团队却涵盖了从幼儿园到高中各个学段的老师，在学科专业上，我显然不具备任何引领能力。思来想去，自己唯一的优势就是在不停地应对“问题学生”和处理学生问题的过程中，通过不断阅读学习和写作思考修得了比较敏感的问题捕捉能力和相对审慎的问题处理能力，这些能力非常有助于班主任带好一个班。

就这样，元旦那天晚上送走了宋主编后，我用最快的速度发布了“组建班主任工作室，让专业成长更聚焦”的群公告，并连夜完成了工作室成员的招募工作。随后，在威海市教育局第二期教育名家工作室建设工程的启动中，我凭着多年的成长沉淀，顺利成为班主任教育名家工作室的主持人。当一切条件都将我引向与班主任工作相关的这条路，我所能做的也便无他了，那就是充分利用现有的平台和资源，让更多美好的成长进一步发生。

回望4年来携手这些热爱班级、关注学生身心成长的教师走过的时光，我们虽始终处于边探索边行进的状态，但从来没有改变我们的立足基石，那就是“同读、共写、同研、共行”。《中国教师报·班主任周刊》《班主任之友》《中小学班主任》等多家报刊都对雪梅班主任工作室成长之快、成果之丰的原因做过深度的报道。可当我静下心来想把光阴留下来的积淀汇编成册后才发现，除了有“读、写、研、行”做基本的行动支撑，我们还始终抱持着不断向前的发展姿态，也始终都在享受着再进一步的成长精彩。

让问题进一步生成智慧

在很多一线班主任眼里，班级就是问题频发的地方，纪律问题、心理问题、学习问题、习惯问题……每一种问题都让人难以招架。时间久了，教育的耐心和激情会很容易被淹没在繁复的问题当中，进而滋生出倦怠。

在雪梅班主任工作室建设的过程中，我采用了“问题聚焦”的写作模式来做群体研究，即把教育改革发展中的热点问题、学生发展中的棘手问题、班主任成长中的困惑问题化成一个个的问题串，然后每周从“串”上撷取一个点作为老师们的共研共写话题，通过写作来深挖问题成因，找寻化解契机。就以“学生沉迷网络”这种相当普遍的成长现象为例，我就先后策划了“学生网游成瘾的心理动机及应对”“学生沉迷于刷小视频如何化解”“学生迷恋网红怎么办”“学生朋友圈里为什么常有‘火星’语言出现”等十几个问题点作为共写的主题。

这种模式最初运作时，老师们很难适应，他们会以“我从来没有碰到过这样的问题”“这种事在我的班级中不曾发生过”作为无从下笔的理由。我坚定地告诉大家：“我们需要的不是去做经验总结，而是从此时此刻启动自己的思考——以前处理类似事件时，我的依据是什么，是否还有改进的空间？如果以后碰到这种问题，我该从哪里探因，又该如何理性地应对？”这种集体预设性写作的好处是既在问题发生之前做积极的应对考量，又能在共写中相互参照借鉴，积累丰富的化解疑难问题的经验。

所有的绽放都是种子在时光中慢慢孕育，悄然拔节的见证。4 年来，对几百个小问题的深思细研，让工作室的班主任们充分享受到了化问题为智慧的充实和能量。他们的思考越来越有深度，越来越成体系；他们所带的班级越来越有温度，越来越现活力；他们在班级中挺立的姿态也越来越坚定，越来越有乐趣。再进一步，真的会领略到别样清朗的教育风景。

让家校进一步凝汇合力

“不怕碰到‘熊孩子’，就怕碰到难缠的或者不合作的家长！”提及班级管理，很多班主任最头疼的莫过于要和形形色色的家长打交道。

当我以教师和家长这双重身份重新审视家校关系后发现：一方面，班主任在不断诟病着家长的不配合、难沟通；另一方面，家长又会在高期待中不时地抱怨着老师教育水平差、沟通方式很生硬。其实，教师和家长的目标朝向高度一致，都是希望能教育好人，让孩子得到更好的成长，双方的关系应该是合作发力而不是推诿指责，而班主任必须是这条关系线上的掌舵人、凝心者。

以研究的姿态，我和班主任们一方面会着眼于小点去思考问题，比如“碰到了难缠的家长怎么办”“与各种类型的家长沟通需要哪些技巧”等，基于班级管理中的实践案例去提炼问题，开展“智慧众筹式”的研讨，把与不同性格特点、不同学识背景、不同心理禀性的家长沟通的“道”和“术”都进行了研究和验证；另一方面，我们还基于大的层面进行整体策划，比如“‘互联网+’模式下的家校合作育人探索”“‘双减’背景下如何让家校共育更有成效”等，以课题和成果研究的方式构建系统的研究框架，带动不同的学校和班级参与到实践当中来，助推家校教育合力的形成。

家与校、教师与家长，绝对不应该是对立的存在，而是要拧成合力的两股线绳。再进一步说，基于人性和心灵，多洞察一些沟通需求，多掌握一些适当共情充分理解的沟通技巧，这样的班级建设进程才能充满蓬勃的生机和力量。

让故事进一步生发精彩

班级就是一个故事的孕育场，每天都有数不清的“大事小情”在班里发生。作为班主任，如果把这些事件看作“事故”的话，就会有始终身处麻烦堆儿的感觉，不停地去盯防，去应付。可如果我们转换角度，能从不同的事件当中解读成长的心灵之音，能透过不同的行为举止洞悉发展的独特规律，能在不断化解纠纷矛盾中提升教育智慧，那么，这些琐屑和麻烦便有了生发精彩的可能。

在雪梅班主任工作室建设的过程中，一方面，我会引领大家写下班级故事，通过文字的记录加工来对事件进行复盘，进而悟得育人启示，表达教育主张；另一方面，我也会培养老师们转换视角思考问题的习惯，将故事当中内隐的多重教育意蕴最大化地挖掘出来，进而提升自身的职业敏感力、理解力和判断力。

很多老师在教育写作这条路上都犯了“眼高手低”的错误，他们往往以“有用”为尺度，总希望一出手就能写出高大上的学术论文来作为职称评审和各种荣誉评选的支撑条件，但往往又苦于头脑空空，最终便搁浅在了“想写又写不出来”的沙滩上。与诸多老师们的认知和行动正好相反，我恰恰是带着工作室成员以班级教育叙事为起点，一步一步走向研究的“春天”的，即由基于现象描述的故事写作进阶到借助故事呈现理性思考，最后才进入基于共性问题的聚焦式研写模式。

以“故事”为助推思考、助力研究之线，我们化烦琐为智慧，化凌乱为系统，最终在自己的专业成长之路上步步进阶，让班级建设的支架越来越粗壮、坚实。

让心灵进一步趋近光亮

有一个现象值得我们所有教育人去关注——各个层级都相当重视学生阳光心灵的培养，但学生成长过程中五花八门的心理问题越来越成为教育的痛点。虽然每所学校、每个班级都在推行课程引领、活动调节、个案辅导等多样的健康心灵培育模式，但却鲜少有人能够真正读懂孩子内心的所思、所想和所需。也就是说，我们教育的“供”和学生心理发展的“求”是不匹配的。

要化解这些问题，那就绝非简单地在学生身上发力便能实现的，还需要提升教师的“读心”“育心”能力。这种提升，也不是参加几场培训或读几本书便能做到的，更需要站在学生成长的场域里观察、捕捉、思考、行动。因而，雪梅班主任工作室始终致力于通过多样的手段提升班主任的心理健康教育能力。

首先，我们会借助事件来解读孩子的成长需求。班级中的“大事小情”，工作室的老师们都会一步步地去探寻问题成因、解读心灵的隐性表达、反思得失成败、找寻化解方法，其基本思考模式为“发生了什么—为什么会这样—得到了什么经验或教训—如果尝试不同的方式会怎样”等。这一连串的追问下来，教师的心育敏感性和智慧度将大大提升，自然也就更容易感知孩子的内心需求，从而按需补养。需求被关照、被满足了，心灵上的阴影自然会大面积缩减。

其次，我们会牵引着理论回到班级去验证或实践。如何优化学生的意志品质，提升学生的抗挫折能力？如何帮助学生培养积极情感，调控消极情感？怎样根据学生的气质类型进行班级管理和教育？……要为这一系列的心理发展问题求解，教师就得先去主动学习，弄明白基本的心理概念和理论内涵，然后再与班级育人实践相结合，找寻二者之间的关联之处并思考具体操作时可能出现的触发点，继而进一步去落实行动，优化实践。当班主任理解了心理发展的历程和独特性，以更富有智慧的教育方式去滋养生命成长，自然就更能够培育出茁壮健康的心灵之花。

借着事件进一步走进心灵，满足需求；借着理论进一步回归心灵，破解疑难。每向前一步，其实就意味着成长心灵中的光亮又多了一分！

让成长进一步凝聚丰盈

在一次市级名班主任评选答辩现场，评委老师对其中一位选手说："你一定是来自雪梅班主任工作室的，因为你清晰地知道自己已有的基础是什么，下一步对学生成长研究、对班级建设规划、对自我成长定位以及对他人的辐射带动都有确切可行的梯度计划，而不是依然停留在浅层次的如何读书成长、如何开展班级活动上……"确实，一个对专业成长缺乏追求的班主任，很难走一步看三步、有规划地行进；一个对成长的定义仅仅停留在获取外在光环层面的班主任，也基本不会沉下心来做全盘发展的规划考量。幸运的是，工作室里那些对教育和班级充满了热爱、对成长和蜕变充满了渴望、对学习和思考充满了热忱的班主任，始终都没有被湮没在盲目混沌的追逐中。

车英老师是我原来在特殊教育学校的同事，45 岁那年选择加入我的工作室时，周围的人都很不看好这种“瞎折腾”。“想成长早干吗了？都这么一把年纪了……”当厌倦了一成不变的教育生活和一无长进的那个自己后，车老师也意识到了成长的重要性。她的行动便有了义无反顾的坚决——以“啃读”的方式走进一本本教育著作中，以不断行走的姿态拓展着自己的教育视野，以一篇又一篇的文字梳理让自己的育人思考走向纵深……任何一粒经历过自我挣扎和时光洗礼的种子都能有强劲的生长力。3年时间，我看到的是她从一位普通的特教老师一步步成长为教学能手、优秀班主任，《德育报》还用了整个版面对她的带班育人经验进行过宣传推广。“我会沿着这条成长路专注地走下去，不断迈进的感觉让我感受到了生命的丰盈与自我的可为！”真的，不论什么年龄、什么起点，再进一步，人生都有重新结实的可能。

与车英老师的自我启动稍有不同，李竺姿是我从几千名乡村班主任中“扒拉”出来并且重点培养的种子选手，因为我很想看看，当一个不安分、有冲劲的老师碰到了恰当的引领后会发生什么样的化学反应。

“能不能介绍我认识李虹霞老师，我没听够她讲的‘幸福教室’的故事！”当一提读书就犯困、一提写文章就头疼的竺姿缠着我“牵线”时，我告诉她：“李老师工作特别忙，不可能有空回你消息。她写过《创造一间幸福教室》这本书，你可以找来看看，比她今天的讲座更生动更翔实！”当她买来书开始阅读后，我又鼓励她“结合自己班的实际情况，打造一间乡村的‘幸福教室’”。“美国有一位明星老师叫雷夫·艾斯奎斯，李虹霞老师是受了他所著的《第56号教室的奇迹》的启发才有了后续的一系列行动的……”“你看，你的乡村‘幸福教室’里也有这么多精彩的故事，试着写下来我帮你改改，让更多的人看见。”……就这样，一步一步地引着这位年轻的班主任，基于乡村教育的缺失进行着各种尝试，在短短3年时间里，她的“乡村幸福教室”就吸引了《中国教师报》等多家媒体的关注和报道；她所开展的“星火”家庭教育志愿服务项目，成功地将农村家长从教育旁观者的位置变成了孩子成长的有力参与者；她所组建的校级班主任成长共同体，已经开始带动了更多人的成长和研究……一步一个脚印，每一步都有每一步的精彩进阶和丰盈收获。

雪梅班主任工作室里，各具特色却同样精彩的成长案例比比皆是。何谓成长？在我看来，专业成长绝不是将自我带到某一高度后的功成名就，而是一种不断向前不断追寻的生命状态。进一步，再进一步，成长的路上就有了许多不可预知的美好可能！

借着第二期威海教育名家雪梅班主任工作室“成长书系”出版之际，我想让所有的班主任看见这样一种力量——进一步，便能育出精彩；进一步，便能自我刷新；进一步，便能接近卓越；进一步，教育生命才能更加充实而多彩！

雪　梅

2022年11月于威海荣成

目录

第一章 给我一个班

第二章 增强凝聚力

第三章 活动助成长

第四章 妙招化疑难

第五章　文化赋能量

后记

第一章

给我一个班

万事开头难！给我们一个班，我们该如何智慧地开启第一步的组建工程呢？如果用最简洁的字眼来归结的话，我们认为是“收心”。心融入了，情交融了，班级建设便有了可以奠基的“素材”。

帮“小逗点”愉快地上一年级

李　玲

初秋的阳光依然温度不减，操场上鲜艳的五星红旗下人头攒动。背上小书包的孩子们有的一脸兴奋，有的满目沮丧，有的面露不安，他们每个人的一只小手都被紧紧地握在家长手中。今天，这些孩子要上一年级了，面对即将到来的未知的学习和生活环境，大人和孩子难免都会有些茫然。欣喜也好，惶恐也罢，这是每个孩子都要迈出去的一步，作为 40 个“小逗点”的“新家长”，我有责任让孩子们的这一步迈得愉快一些。

一、游校园，带“小逗点”认识“新家”

我们的学校虽然不算特别大，可是在一年级学生的眼中，显得硕大无比。教室、活动室、餐厅、卫生室、办公室等就跟迷宫似的，迷路可是常有的事情。为了避免尴尬，在新生入学的第一天，我会拿出两节课的时间，带着他们游校园。

“孩子们，你们觉得我们的校园怎么样？”小孩子有话是憋不住的，于是他们会争先恐后地回答“漂亮”“大”……“我们校园的美丽你们只见识到了一点点，这里还有很多美好的地方，大家想去游览一番吗？”“小逗点”变身为小游客，那是多么令人兴奋的事情呀！于是，在我这个“大导游”的带领下，大家一起领略学校的连廊文化、社团特色，情不自禁的惊叹声表露出他们对校园的喜爱；一起走过教学楼的每个楼层，学习如何看楼层、如何记住自己班级的位置；一起参观宽敞的操场和亮堂的餐厅，记住上体育课的路线和自己就餐的位置。

认识了自己的“新家”后，孩子们都雀跃无比。我便让孩子们回家后将自己的“新家”介绍给爸爸妈妈，这样做不仅能锻炼孩子的口语表达能力，还能抚慰家长忐忑的心情。

二、利用小标志，助“小逗点”爱上“新家”

虽然同是一年级新生，可是每个孩子的认知力、理解力是有差别的，培养学生的能力是个艺术活儿，需要班主任动脑动心。奖励比批评的教育作用力更大，于是我设计了一个个小标志作为奖励，让新生爱上学校、爱上学习。

第二天上学，找不到教室的孩子可不少。迷路了怎么办？哭鼻子是无法解决问题的，前一天我就告诉孩子们：校园里的老师和大同学都是自己的亲人，有困难可以向他们求助。而我早早地就站在教室门口迎接他们，谁能顺利找到教室，我就奖励他一个大拇指，并在他们的胸前贴上一枚“智慧章”。一枚代表奖励的小标志会赢得一张灿烂的笑脸，让孩子带着向往来上学，躲在家长身后不肯迈进校门的“小逗点”不见啦。

开始上 40 分钟一节的课，孩子们肯定会坐不住、听不进、不会表达。好习惯的培养是个缓慢的过程，不能操之过急，需要一点点儿引导，一点点儿纠正。为了避免我一个人唱独角戏，我用小小的“学习章”来调动学生的热情，让我的话发挥出高效能。“你端正的坐姿保持了 10 分钟，真了不起！”“你能听明白老师的要求，而且回答得很完整，‘学习章’奖励你当之无愧！”“听，他刚才回答问题时用了礼貌用语，这样说话听着真舒服。”随着我的表扬，一枚枚“学习章”就贴到了学生的胸前。无论是自己得章还是看着别人得章，大家都很高兴，也很向往，于是孩子们就暗中较劲，比比谁的好习惯坚持的时间更长，比比谁的学习有进步。

放学排队时，胸前戴章的孩子胸脯挺得高高的，他们都盼望着早点儿见到爸爸妈妈，快点儿将自己的荣耀与他们分享。当然，我会创造机会让每个孩子的胸前都有荣誉，让孩子们都感受到上学的成就感。

三、随手拍，邀家长和孩子一起感受上学的快乐

大部分家长喜欢用手机随手为孩子记录值得纪念的瞬间，为了迎合大家的喜好，我也会随手拍下孩子们在学校的学习和生活，然后分享到班级群，让家长随时了解孩子的成长。

一看到老师的镜头对准了自己，孩子们瞬间就进入良好的状态：排队时，下巴高抬，摆臂到位，雄赳赳气昂昂的姿态像一个个小士兵；吃饭时，从洗手、领餐到吃饭、收拾餐桌，做得一本正经，还一起践行着光盘行动；大课间，大家一起学习篮球的运球，那帅气可爱的神情像一幅画，那有节奏的声音像一首交响曲。

每天晚上，孩子回到家后，总会第一时间和家长“走进”班级群，回顾和欣赏自己在学校的表现，数一数自己几次成为主角，讲一讲自己的快乐和收获。

“小逗点”上一年级，时时处处能感受到自己被老师重视，每一天都能经历几件令自己高兴的事情，入学的不适应、不习惯很快就会被愉悦所代替，因为校园是迷人的，班级是温馨的，学习生活是有趣的。

（原文发表于《新班主任》2020 年第 28 期）

全盘发力，让散沙集聚成塔

杨雪梅

虽然已经做了 10 多年班主任，但我依然为新学期里刚分到的这块“烫手山芋”狠狠地头疼了一把。由 12 个智商较低的初中孩子组成的班集体中，有的孩子因自闭时常情绪失控，有的孩子因多动在凳子上坐不了几分钟，更多的是处在青春期躁动中的“熊孩子”让我永远也摸不透下一步会出什么招……

领导亦有领导的苦衷：“有的家长循着各种门路找上来，点名道姓就要去杨老师的班；有的孩子是一般的班主任镇不住的，你办法多只能交给你试试！”面对着如散沙一盘的班级、家长以及领导的厚望，我意识到这绝不是我一个人能够应对的情况，唯有多方合力，才能破局立班。

一、拉家长“下水”

构建和打造一个和谐而富有凝聚力的班集体，禀性不同、或顽劣或执拗的孩子都不是最大的问题，最令班主任头疼的恐怕是认知各异又惯于以自己的视角和理解对教育指手画脚的家长们。毕竟，在教育的现实世界中，“老师太严厉了，没有爱心；太柔和了，镇不住学生；太粗放管理了，孩子养不成好习惯；太事无巨细了，限制了孩子自主发展”之类的苛责皆出自不同“胃口”的家长之口。因此，孩子成长、成就班级的第一步是我的工作之道能够赢得家长的信任、支持和有效参与。

“各位家长好，今天是我们第一次碰面。老实说，这个班我真是不想接，也去找领导推辞了好几次，做了这么多年班主任有些累了，而且咱们班孩子的情况也有点复杂……”与家长们第一次碰面，我就露出了极大的“不情愿”。“哎呀，杨老师，可别，我可是费了好大气力才把孩子安排到您的班上的。以前我们村臣的妈妈一直说杨老师是个特别会管教孩子的班主任，后来我每次路过您带的班级门口时，都觉得这个班的孩子特别有精神又守纪律，您可千万别不干呀！”我故意卖的关子很快便引来了“主顾”，臣的妈妈已经迫不及待地把底牌和盘托出。很快，另外两个有所要求的家长也附和了起来。在这种气氛的烘托下，其他随机而来的家长也都兴奋得如同中了奖一般——“原来我们运气这么好，碰到了一个特别优秀的班主任”！于是，家长很快形成了统一战线，他们只有一个愿望，那就是为了自己家“熊孩子”的成长，请杨老师一定要继续当班主任，有什么是家长能做的，请尽管开口吩咐。

见全体家长都纷纷遂了我的愿，“主动跳到水里”来，我便就势介绍了下自己以往的带班之道：“理性爱每一个孩子。原则性问题，需要孩子遵守的规矩，来不得半点儿放任，必须严格要求；对孩子表现出色的地方，也会毫不吝啬地给予肯定和奖励。最终，作为一个班主任，我要以一个放之社会能适应的原则去培育我所带的孩子们。”“优秀班主任”的话自然是很有道理的，家长们纷纷点头赞同。随后，我据分班后的短期观察指出每个孩子的状态，先肯定每个孩子身上的亮点，然后指出接下来哪些方面如果可以得到训练或纠正会更好。家长们用彼此间的低语交流来表示自己的心服口服——人家杨老师一眼就能看出咱孩子的问题。他们哪里知道，为了这次家长会，我可是提前四处拜访、全方位观察做足了功课呢。

见时机差不多成熟了，家长们“全力支持配合”的态度也表示得差不多了，我便对家长们提出了“小小”的要求：“为了孩子们的健康成长，也为了让咱们的班级尽快整齐有序起来，偶尔可能需要家长配合一下我的工作，对孩子的要求也尽量和我保持一致，我们只有一个目的，那就是孩子的健康成长。”“另外，一定要多沟通，没有什么问题是沟通解决不了的！”

就这样，我的班级管理工作得到了家长们的积极配合，什么样的帮助能让好动的孩子尽可能长时间地投入学习、什么样的陪伴有利于自闭的孩子尽早融入群体、什么样的持续训练可以让孩子的身心得到康复……无须刻意要求，只要在随意沟通中把一点点建议加进去，家长们就会马上行动。毕竟别的家长可都是“很配合很努力”呀，谁都不愿意让自己在众目睽睽之下信誓旦旦表的态变成别人眼里的“只说不动”。更何况，在这样的尝试与坚持中，孩子的成长与变化确实是看得见的，那么这种配合的动力自然就更足了。

二、引学生“上钩”

如果说家长对班级建设的参与和支持是一种奠基工程的话，那么学生对班级生活的渴望、对校园生活的融入、对班集体制度的遵从便是一种关乎拔节与生长的事。我的心中纵有诸多关于班级建设的美好设想，也得学生愿意“上钩”同我一起努力。

有自闭倾向的孩子心扉闭锁，只有长时间的碰触才可能轻轻打开一条缝隙；多动的孩子对外面的世界永远充满好奇，只有让教室里有足够的精彩，才能留住他们时时跃动的心；青春期的心灵里永远潜伏着不安分的情绪按钮，一不小心碰错，就可能有意外发生。在这几种类型学生的成长中，我必须用尽可能多的时间在教室里打造出一个有气场的成长焊接点，既便于管理，又能让成长中的心灵有所安放，让成长中的生命拥有勃发的力量。

为了让所有的孩子都喜欢共同生活的班级和集体，进而在班级群体的影响和浸润中不断修正自己的行为，我从三处着手为孩子们打造有吸附力的集体生活。一是每天早晨精心为孩子们营造一段特别的相处时光：今天讲一个故事，明天出去做一个集体游戏，后天即兴编一首儿歌共同诵读……没有人知道下一站会有什么样的惊喜和精彩在等待着，每个人都对明天的时光充满了憧憬和期待，甚至有些孩子还献计献策，为第二天早上活动的开展提出建议。其实，看似随性而起的晨间活动都是我刻意通过不同手段设计实施的。二是为每一个孩子栽下一棵见证成长的绿植：孩子们自己选择想栽种的植物，自己观察养护，我负责提供技术指导。为了让孩子们守护植株成长时如同守望自己般悉心，我巧妙地把每个孩子的名字与植物相结合来为植物命名，比如：成君是班上一个虎头虎脑的孩子，他种下了一株虎皮兰，那盆绿植就会被命名为“虎虎成君”；小芳的含羞草在教室里迎着阳光散发着绿意，我就给它取名“芳草青青”……与其说是种下了植物，倒不如说是将孩子们不太安分的生命栽种到了更适宜生长的教室里。种植、观察、守望、拔节，无论是哪种类型的青春躁动的孩子，都会在与绿色相守相伴的成长中平和明朗起来。三是不定时地发布“美丽成长”播报：谁在哪节课上因努力而出彩了、谁做的微小举动温暖到了他人、谁不经意间维护了班级形象等等。我或者任课老师会在捕捉到后随时发布，并以投学生所好的方式隆重地进行“微奖励”，比如奖励孩子与老师同桌就餐、把孩子的行为和照片发布在公示栏里、通过学校广播公开表扬等。

在这样的班级氛围中，孩子有所期，有所向，不断感受着集体生活的快乐和自我存在的价值，老师自然鲜有管理上的麻烦。而我，只是一个根据学生的成长尺码不断布局放“钩”的人，这样的“钩”有情有趣，亦有温度！

三、向搭档“示弱”

我始终认为，一个和谐班集体的建设除了需要家长的助力外，更离不开任课老师的支持与合作。因此，在班级发展中，我始终避免把自己变成唯一的管理者以及班级活动当仁不让的策划者，也始终注意尽量不让任课老师产生这样的认知——“班级是你班主任的地盘，上好自己的课就是我所能做的事”。班级发展是一个大盘，一旦我这个班主任和其他老师间缺乏沟通，缺少配合，那么班级管理中的许多问题就势必会失衡，并且会向着施力重的地方倾斜。

任课老师到底如何定位呢？他们既是某一门课程教学的执行者，也是孩子们成长路上不可缺少的引领者，更是我们在班级管理中最为重要的合伙人。厘清这种关系后，作为班主任的我就要努力化被动为主动，以“示弱”的姿态适时抛出合作之枝。

首先，我会主动进行成长分享。课堂上孩子们字写得好，我会去感谢语文老师、书法老师平时对孩子们的悉心指导；操场上孩子们的体能素质有所提高，我会归功于体育老师的用心训练；手工制作中孩子们的表现抢眼，劳技和美术老师功不可没，是他们引发了学生的思维与创造……任何孩子的成长喜讯，我都会敏锐地找寻到任课老师付出的痕迹并主动与他们分享，这既能让他们感受到自己的专业指导价值，又是一种无形之中的心理暗示，在这种“全是因为有了你，孩子们才越来越好”的标签下，任课老师会真实地感觉到自己对这个班级良性发展的作用之大、对学生成长的影响之深……当人人都以班级发展为中心，都以孩子们的成长为重心，一切的沟通、分工或合作便都因为共同目标的牵系而有了温度，有了向心力。

其次，遇到问题时，我会适时求助。我不是一个全能的班主任，却要引领孩子们全方位发展，这就要主动虚心向其他老师借力。比如班上学生的情绪出了一些小波动，我就会找个机会邀请班上所有的任课老师共同分析原因，提出一些转化办法；如果班级管理上有一些难以破解的难题，我也会诚心地把问题摆给大家看，让老师们为“咱们班”的发展支着儿……这些细节都是一种无声的昭示——我们是一个整体，班级的发展离不开每一个人。更何况，有时候经不同视角审视后提出的解决办法确实能够更为有效地处理问题，在这种合力解难的过程中，也更容易形成群体间的理解、支持与合作的默契。

也许，当初我接下的那个班确实让许多人觉得散乱得无从抓起。可是，当我试着打通班级发展的各个渠道，让所有的力量都向“班”凝聚时，一座富有生命力的成长之塔就在用心经营下坚实地矗立了起来。新班，源于“心”的付出；成长，始于力的汇集！

（原文发表于《教师博览》2021 年第 2 期）

给我一个“差班”

于　波

连续几年来，我带的都是年级里的“明星班”——本校教师的子女、父母文化水平较高的孩子们扎堆儿的班级。带这样的班级，因为先天的有利条件，在家校合作、班级活动的开展等方面几乎是“躺赢”。班级每个月都被评为“优秀班级”，各项荣誉纷至沓来。

但由于各种因素的影响，本学期的班级工作对我提出了更大的挑战。46个孩子中，外来务工人员、个体经营户、留守家庭的孩子等几乎占了四分之三。这就意味着在班级工作需要家校合作的时候，我可能会较多地听到“老师，店里实在太忙……”“孩子从小就是家里老人带的，能照顾他吃穿已经很不容易了，其他的真是没办法……”之类的推托之辞。

在与新班级的孩子们磨合的前两个月里，我遇到的困难甚至比想象中的还要多一些。比如：在家校联系群里，与老师的兴致勃勃形成对比的是家长的意兴阑珊；学期初收各种单子、保险金，以及需要签订“一封信”“责任状”等时，再三提醒之后也收不齐；家长值勤岗、家委会等无人报名，甚至有孩子坦白地跟我讲：“老师，我爷爷说他有时间值勤，但就是不想报名。”

面对这样的情况，我的做法如下：

一、开展活动，要找准着力点

新班级组建稳定之后，学校开始逐步推进各项“中队活动”，新学期的第一次中队活动是由各班级家委会牵头的亲子跳绳比赛。在预热的过程中，家委会负责人小民妈妈先在班级群里发布了比赛报名的帖子，但很长时间无人接龙报名。如何调动起家长参与班级活动的积极性是摆在我面前的第一个难题。

参加这种意在倡导亲子运动、促进亲子关系、助力孩子精神层面发展的集体活动，家长们并不热情，但成绩却是每一个做家长的都非常关注的内容。开学仅月余，就有家长对我直言：“做家长的关心什么？看什么？不就是成绩吗？”孩子的学习成绩、排名等是每个家长的软肋。我是班级的英语老师，将英语趣味活动与亲子跳绳比赛结合起来，是我想到的第一个嫁接方法。打出英语趣味口语秀这张牌，应该比单纯的亲子跳绳比赛更有号召力。于是，我对小民妈妈的“报名帖”进行了修改补充：

五（10）中队“亲子口语秀”暨“亲子跳绳比赛”

活动召集令

活动时间： 本周六下午 4 点

活动地点：体育公园

活动准备：单词卡片、长绳、计分器、计数器、小奖品（以上物品均由老师准备）、双人跳绳（每人自带）

活动流程：

1."你演我猜"。家长与孩子一人看单词卡片，并用肢体语言表达出来，另一人不能看卡片，根据对方的表演说出是哪个单词。

2."亲子双人跳"。两人一组，开展亲子跳绳比赛，以一分钟为限，完成数量最多者获胜，获胜组将得到小奖品，并代表班级参加年级跳绳比赛。

3."我是小小演说家"。孩子用简单的英文句子汇报自己周末的活动。（什么时间、在哪里、做了什么事情、自己的感受等）

4."亲子跳大绳"。轮流摇大绳，每小组5人一起跳大绳，获胜组将得到小奖品并代表班级参加年级跳绳比赛。

5."自由活动"。绕足球场跑步、踢球等。

帖子发布之后仅仅两个小时的时间，便有接近20位家长报名。还有家长表示，以后有这样的活动希望老师能够早点通知，他们会为孩子调整自己的上班时间，尽量参加。

家校间的第一次活动收到了很好的效果，家长积极配合，孩子们尽兴地参与。在活动中，家长了解到了孩子们对知识的掌握情况，对现场突发状况的应对、协调能力。活动促进了亲子关系，拉近了家校间的距离，并且为参加年级组的亲子跳绳比赛选出了最优秀的组合，解决了当前的第一要务。

考虑到现实情况、家长对活动的接受程度，以及活动开展时可能遇到的困难，以短平快地直接满足最基本需求的手段吸引大家参与进来，家校间的沟通才有渠道，班主任的教育理念、带班风格才能更直观地传递给家长。将“口语秀”与“亲子活动”嫁接到一起，以此为媒介，盘活家、校、生的关系，这是我们迈出的解救“差班”行动的第一步。局面打开之后，在开展其他的研学活动时，参与的人数便会越来越多，活动开展的程度便会越来越充分。

二、留心观察，为必要时的“点将”打好基础

以往的班级活动，在预热阶段、开展阶段以及活动结束后，都有家长主动要求参与相关工作；而现在的班级中，大部分家长都习惯躲到后面做旁观者，看他人“冲锋陷阵”，基本习惯了以“服从”为主，很少主动伸手参与班级活动。作为班主任，就要及时转变工作思路和方法，及早了解家长的工作性质、个性特点等，在必要的时候出手“点将”，将合适的人安排在合适的位置上。

小璇的妈妈是幼儿园的美术老师，这一点是我在开学初就了解到的，但是真正给我留下深刻印象的，是之后发生的两件小事。

其一是小璇的小姨结婚的时候，小璇的妈妈为小璇请了一天假，让小璇去参加小姨的婚礼。小璇回来上课的时候，带了 3 份新娘子

的“伴手礼”，分别送给了我和其他两位老师。这份“伴手礼”装在十分精致美丽的盒子里，带来的“惊喜”是自然而然的，在与小璇交谈的过程中，她提到这些都是妈妈帮助小姨设计选定的。从小璇平时的穿着打扮上看，小璇每一套衣服的搭配都是极用心的。虽然没有见过小璇妈妈，但我可以推断出，这一定是个对女儿很用心的妈妈，并且有自己的审美，在美术、设计等方面有较高的造诣和较强的能力。

其二是在“庆十一书画比赛”中，我给小璇的妈妈留言，请她指导孩子完成一幅剪纸作品，后来她们母女二人共同创作的剪纸作品获得了校一等奖和极大的好评。有了这样的基础，在之后的活动中，我便放心地将编辑“美篇”、布置会场这样的工作交给小璇的妈妈。她每次都欣然接受，并且尽力去做，对其他的家长起到了榜样示范的作用，成为班级工作中的顶梁柱、领头雁。

但我们要注意一点，那就是并不是每一位“高知”妈妈，都有为孩子的成长付出心力、物力的自觉。小博的妈妈是周边某地的镇长，但是在几次活动中，她都以“我很忙，没时间去参加这些”为由，推辞陪孩子参加研学或者家长志愿者等活动。基于这样的情况，我们在“点将”的时候，便要考虑避免将“重”活儿交给她。

在班级正能量基本形成、家校关系基本稳固之后，老师举办活动完全不需要“点将”了，老师在群里将方案公布出来，家长们会根据自己的能力选择自己能胜任的工作。老师的心里要有这样一个认知：家长的付出是为了孩子能够在老师的眼中、在班级同学的心里占有更重要的位置，受到更多的关注，老师要注意活动后的总结形式及表扬分寸，做到看在眼里、讲在明处。

三、活动总结，要“七三分账”

活动总结，要“七三分账”，孩子七，家长三。

有活动没总结，无异于走马观花看热闹。优质的总结是各项活动拓展延伸的一部分。每次集体活动之后，我都会在班级群里建一个专题相册，如2018年11月参观冯德英文学馆红色研学活动，2018年12月冬季越野赛、争优小能手、我是运动小健将，2019年4月足球比赛，都将孩子们的照片及时上传到相应的相册里。我希望通过梳理、总结孩子们各方面的表现，弘扬班级正能量，让每个家庭重视起来、动起来。然而，仅仅关注孩子们的表现，忽视了家长们的主观能动性，工作便还不到位。

“老师，谢谢您，还特别表扬我。”

“谢谢老师一直以来的鼓励和帮助，昨晚的家长会还单独表扬了我一下，真感觉受之有愧……我没有多大的本事，但为咱班的工作，我愿尽自己的最大努力。”

这是期中家长会结束之后，家长们当面或以QQ留言的形式给我的反馈。“感谢”起源于家长会上，我对同学们在家长的助力下，在学习、习惯养成、艺术展演等方面取得的进步做了详细、清晰的点评：“作为家长，如何让推动孩子们进步的手，再多一分力量，是我们一直在努力的方向。非常感谢在‘国庆书画比赛’‘经典传唱艺术节’活动中，为孩子们选曲子、编动作的 ××× 同学及 ××× 同学的家长；感谢在‘红色研学’活动中积极联系文学馆讲解员，忙前忙后带领我们参观冯德英文学馆的 ××× 家长；感谢用‘美篇’替我们留下美好回忆的 ××× 同学及家长……”

要留心观察孩子们的表现，以及家长们的无私付出。在肯定家长工作的同时，一定不要忘记孩子才是主角。“好家长成就好孩子”是我在肯定家长工作的时候惯用的一句话，这既肯定了孩子的成绩，又让家长觉得孩子现在的良好表现与他们平时的教养是密不可分的。

好言一句三冬暖。对于老师的表扬，家长们普遍略感害羞，同时也因为老师的留心及反馈，他们知道自己的努力会有回报。在每半年便要循环两次的“家长协管路队志愿者”活动中，全职妈妈小霖的妈妈跟我说：“老师，我在家没什么事情，班里需要的时候尽管跟我说！”彤彤的妈妈说：“老师，我也就是帮了这么一点小忙，真的不算什么。”家长动起来了，关心起来了，作为老师，我们在调动孩子们的积极性上、在管理上，才能更加有的放矢，更得心应手。

老子云：“合抱之木，生于毫末；九层之台，起于累土；千里之行，始于足下。”带班如同为人、做事一样，总有低谷。或许不会有人说，是因为“抓到了一手好牌”才有了赢的局面。但是做班主任工作，学生的先天素养、家庭助力等因素不可避免地会对后期班级工作的开展及效果产生不可忽视的影响，上述举一隅，未必能将“转变”方法交代得面面俱到，但是在家、校、生的共同努力下，我们由刚开始组班时的第十名（倒数第一名），慢慢走到了第九名，在第一学期的中后期便在“优胜班集体”上站稳了脚跟。任课老师对我说：“老班，真佩服你，不打也不骂学生，就靠着这样一套管理方法就能把班级带得越来越好。”在出师不利的情况下，从毫末之间做起，从关心学生、调动家长开始，迈好脚下的每一步，将恼人的“事故”转变成动人的“故事”，才是班主任带班的智慧、成就所在。

（原文发表于《新班主任》2019 年第 8 期）

藏在扑克牌里的“破冰秘籍”

车　英

刚工作那年，学校安排我担任初一年级一个班的班主任。新学期接手新班级，新老师遇到新学生，未来的日子里，如何让来自各地的互不认识的学生们既能尽快熟悉彼此，又能和我这个新班主任和谐相处呢？我带上了我的法宝——扑克牌。

一、“找朋友”——打开认识之门

当我举起精心准备的扑克牌，学生立刻兴奋了起来。我把班上40个人分成8组，每组5人。接着我把数字是1~5的扑克牌各准备了8张，强调游戏规则：“现在，我们首先来玩‘找朋友’的扑克游戏。请大家逐个到我这里随意抽一张牌，看自己和哪些同学抽到相同的数字，你就找到你的新朋友啦！”

学生兴奋、雀跃，逐个来抽牌，抽到后就赶快跑回座位，找和自己抽到相同数字的同学。“哎，我的是4！”“谁和我的一样是3？”“我的是2！我的朋友你在哪里呢？”我不必引导，学生早就欢呼雀跃着和新朋友相拥在一起，教室里瞬间变成了欢乐的海洋！

“用你喜欢的方式向新朋友介绍一下自己吧！请注意：我们来比赛，看看哪个小组彼此认识的用时最少，开始！”教室里的气氛再次被点燃，孩子们专注而认真地听着、记着、熟悉着。

二、“拖拉机”——推进了解互动

大家兴奋地和新朋友聊着、笑着，好不开心！为了让孩子们能够认识更多新同学，并进行愉快的互动，我开始了新一轮的分组。我带领孩子们开始了扑克游戏“拖拉机”：4 人 1 组，1 组 1 副牌，共分 10 组。抓完牌之后，每组从第一个人开始依次上台排队，拥有相同数字的两张牌会被后一个放牌的同学收走，然后互相自我介绍。4 个小组进行比赛，看看哪一组认识的朋友最多、记住的名字最多。这可以激励孩子们去认识更多的同学并进行互动。

“哇，不会吧，你这次收的朋友也太多了吧！”孩子们奔跑着、忙碌着，因为有了竞赛，大家都想多认识一些朋友。互动中，学生呼喊时能叫出自己伙伴的名字了，从 1 个、2 个，到 5 个、6 个……在愉快的气氛中推进了相互了解的进程。

三、“颜色分组”——增强沟通记忆

为了让全班学生迅速地、大规模地融入，加深记忆，我再次分组。

我把一副扑克牌的 4 种花色从 A~10 的牌共 40 张分发给学生，每人一张。首先，以花色分组，分为 4 组，拿到同一花色的同学互相认识、互相介绍。然后，以颜色分为两大组，扩大范围，继续认识，加强记忆。

这次的分组人数明显变多了，孩子们乐此不疲，纷纷滔滔不绝地介绍着、询问着、了解着。我走在喧闹的人群中，拉住一个孩子问：“静，现在你给我介绍一下，到现在为止，你都认识了你们组的谁？他们的名字都叫什么？”

“老师，现在我们组的同学都已经是我的朋友啦，我能全部叫出他们的名字。这还不止呢，前面我还认识了好几个呢！”静如同相声演员“报菜名”一样向我报起了班里同学的名字，她居然能记住所有人的名字，顿时引爆全场，引得同学们纷纷喝彩。此时的学生像是分别已久的老朋友一样，自然大方地交流着、沟通着。短短一堂课，有的孩子就已经能够记住全班同学的名字了。教室里，早已打破最初的僵局，气氛和谐自然，班级的凝聚力也在悄然增加。

从陌生到相识，由相识到相知，由相知到融入，一切都定格在开学温暖的氛围中。

（原文发表于《班主任之友》2020 年第 13、15 期）

见招拆招，接新班看我亮招

李　玲

一节数学课上，我正在和学生们互动，发现班里的小畅“两耳不闻窗外事”，独自在奋笔疾书。我悄悄走到他身边，原来他又在写语文作业……

有人说，不教一年级就不算真正体验过当小学老师的滋味。带班多年，我还是头一回品尝这种滋味——40 多个不知学习为何物的小朋友每天都在以各种各样的招数向我“发起挑战”，而我只能见招拆招，摸清他们的套路，然后“出招”制服他们。

一、和颜悦色，小招发挥大功效

我停下讲解与脚步，静静地看着写语文作业的小畅，教室里的交流声戛然而止。有时候，安静比喧嚣更能引起人的注意，小畅抬头撞上我的目光，吓了一跳，手中的笔滑到了地上，显然他也清楚，数学课上不能写语文作业。之前我也曾因同样的问题批评过小畅多次，可他转眼就忘。

我很快做出了决定：既然此前收效甚微，现在耽误全班的时间来说教也是毫无意义。于是，我低声跟他说："小畅，一会儿我们要一起改错哦，不好好听的话，你又不能在课堂上改完错啦。"

"好的，我知道了，老师。"他答应得很痛快。想象中的批评没有降临到自己的头上，他在这节课剩下的时间中，听讲格外用心。

数学课上发现学生在写语文作业，面对这样的状况，该如何处置？我想，以成人的眼光来看，必定觉得这是学生对老师的大不敬！可是蹲下身来，看看眼前的孩子，这可是刚上一年级的娃，他的心里绝不会有不尊敬老师的想法。或许他对语文格外偏爱，或许他已经掌握了这节数学课的知识，或许他只是想早点完成语文老师布置的作业，这样回家后就可以尽情地玩了。

扪心自问：我小时候也没少因为贪玩而挨批评吧？如果当年老师没有一味地批评我，而是换一种沟通方式，会不会对我产生更大的影响呢？

同一个招数用多了，总会成为废招。此时将呵斥批评变为和颜悦色的提醒，没想到这个小招竟比大招还管用。

二、打亲情牌，以情动人增动力

记得有一次，我一边维持课堂秩序，一边将问题用最浅显的语言表达清楚，随着学生们"听明白了"的响亮回应，他们自己开始订正。小轩抓耳挠腮，迟迟不能下笔，我只好走到他跟前小声地再讲一遍，他这才开始动笔。不问也知道，刚才他又"身在曹营心在汉”了。班上又何止小轩一个人存在这样的问题呢？

好习惯是一点点培养起来的。一年级小朋友刚入学，几乎是一张白纸，没有任何良好的学习习惯，比如听讲的习惯、学习不拖拉的习惯等。上课不会听讲，习题就不知如何改错，任务也就不能按时完成。习惯往往是环环相扣的，一个没培养好，就会牵连到更多方面，这也是最让我头疼的事情。

教学中，有的家长怕孩子的学习跟不上，给孩子额外辅导，加班加点，直到孩子懂了、会了为止。这样看来，似乎课上听讲不好也不耽误成绩，可是，随着所学知识越来越多、难度越来越深，差距就显现出来了。听讲的习惯靠意志力是可以改善的，关键要看孩子是否想专注。

课下，我把小轩叫到身边：“小轩啊，你说妈妈下班回家累不累啊？”“肯定累！”我接着说：“那妈妈也想休息一下，但是小轩还有错题不会改，怎么办？”以前，小轩觉得妈妈帮忙辅导功课是理所应当的，听我这么一说，他思考了片刻，告诉我，他上课会好好听讲，争取在学校改完错。

打亲情牌这招比之前提醒、催促的效果更好。对于低年级的学生而言，“老师、父母的认可”是重要的学习动力。建立师生之间的亲密关系，对于低年级学生的成长十分有效。

三、化整为零，小步子也能进大步

常常听到有老师抱怨：“给一年级上课真累，一节课讲不了多少知识，就像打地鼠似的，按下了这个，另一个又冒出头来。他们怎么就这么不专心呢……”

一节课 40 分钟，中高年级的学生都难以做到全神贯注，更何况是一年级的孩子。沙哑的嗓音是一年级老师的“光荣传统”。自从带了一年级，免不了着急上火，我的嗓子也时常亮起“红灯”。

经过一段时间的观察，我发现课堂上的前 10 分钟，学生的注意力还比较集中，但 10 分钟之后，如果坚持相同的教学节奏，孩子们很快就坐不住了，各种小动作也就随之而来。这是孩子们的共性问题，与知识掌握程度、学习基础无关。由此可见，问题不在孩子，而在我们老师的教学模式。

注意到这种状况之后，我就把每节课划分成几段，分别运用不同的教学方式，为学生们提供持续的新鲜感和成就感。

以计算为例，可以分成个人抢答、学生出题抽生回答、小组擂台赛和根据算式编应用题 4 个环节，让学生在不断变换的形式中体验学习的快乐，从而带给他们持续的成就感。这种成就感与今天的短视频、手机游戏机制相似，可以激励孩子们沿着小目标愉快地前进。学生无暇做别的事，精力自然而然就集中起来了。

慢慢地，我形成了自己的“课堂四部曲”，虽然步子小，但是走得稳。一小步一小步不曾间断，学生也会获得大的进步。随着孩子们慢慢长大，我也会调整授课的“节拍”，逐步提升孩子们的专注度，为他们今后的深度学习奠定基础。

崔蕾老师在《00 后“熊娃”逆袭》一书中写道：“对很多事物的

看法，老师和孩子之间不可能完全一致，这是正常现象，如果老师一味强调自己的观念，忽略学生的感受，就容易让学生产生逆反心理，学生就会疏远你、拒绝你，甚至讨厌你。”

在与学生的不断过招中，我的经验是:“百炼钢”不如“绕指柔”,“攻心术”优于“攻身术”，我们要设身处地地从学生的角度去观察和分析，了解学生的心情，找出与学生产生不同看法的原因，让学生感受到老师的理解，那么我们的招数才会奏效，学生的成长也会随之愉快地发生。

（原文发表于《当代教育家》2020 年第 4 期）

有先有后，找准“他”

李竺姿

一位班主任刚生完二胎，因病请假，我便匆忙接班。我在忐忑中憧憬着这场“破冰”之旅能够一切顺利。

一、先来后到，请君入瓮

平和心绪，走进教室。我先表明身份，说明接班原因以及我的现实情况。继而，邀请学生分享前任教师最令他们难忘的是什么。

“谭老师每天上课都会小测，而且当天必须改完。”“她还会让组长辅导学困生。”“她跟我们的关系可好了，我们像朋友似的。”学生争先恐后地说着。“哦！原来谭老师的优点这么多啊！如果李老师有做得不到位的地方，希望大家可以多帮帮老师，毕竟你们比我先来这个教室嘛！”

我延续了谭老师的优良做法：每天的小测全批全改、按时上交；辅导学困生亲力亲为、毫不懈怠；闲来和孩子们有说有笑、寓教于乐……

之后，我迅速整理学生信息，锁定几个“难缠”的孩子。翰成绩比较优秀，但纪律很糟糕，且煽动性极强。此次“破冰”就从他入手。

每天早晚几个班委需要参加社团活动，这段时间成了管理的“真空”。那么可否发挥翰的“领导才能”，让他参与管理班级？

班会中，我跟学生谈了自己的想法：“同学们，老师还在产假期间，每天早晚不在学校，晨读和课外活动时间需要挑选一名没有担任过班委的同学作为班主任助理来管理班级，大家有没有推荐的人选？”在翰的暗示下，几个调皮的孩子推举翰为班主任助理。他一脸得意，我也暗自高兴——正中下怀！

二、先礼后兵，巧立规矩

随后，几个调皮的学生“成功”摸清我的上班时间，当翰管理班级的时候，那几个孩子没有一个在教室里待着，全都在外面玩闹，而翰也假装不知道，偷偷放水。

那天，我借故折返到学校，“恰好遇到”了正在操场上撒欢儿的他们。我将他们带回教室，启动班级紧急会议，是交给班委处置，还是让翰组织整改？翰自知学生是自己放出去的，想要力保却无计可施，只能红着脸，低下了头。

通过民主投票，班委决定给这些同学一次机会，让翰组织整改，重新制定班规。翰见“手下”被保住了，情绪大为缓和，对之后班级制定的“百分量化考核”制度也没有提出异议。全班评议后，作业完成情况、上课表现、课间表现、课间操表现、课外活动表现、拾金不昧六大评分细则新鲜出炉，配套“师徒结对”计划推出，针对学困生进行点对点辅导，给予考核加分。我注意到，翰和成绩很糟的霖组成了一对。

接下来的时间，学生们都为保住自己的百分考核名次而不懈努力，其中进步最明显的居然是霖。原来是几个“小师父”暗自较劲，谁也不甘落于人后。

三、先苦后甜，妙趣转盘

一个月后，第一期百分考核成绩揭晓。翰排名第三，霖排名第二十六，成绩相当喜人。在肯定了全班同学的辛勤付出后，我让他们闭上眼睛。当他们睁开眼睛之时，一个印有“奖状一张”“加 5 分”“抽奖一次”“实现微心愿”等奖励内容的“幸运大转盘”出现在讲台之上。随后，我又拿出了装有中性笔、笔记本、刮刮画、拼图、文具袋等奖品的箱子。在同学们诧异的眼神中，我娓娓道来：“这是专属于三（2）班的幸运大转盘和奖品，参与活动的条件便是完成百分考核。所有奖品大家都有机会获得，只要大家努力，奖品就属于你们。这个挑战你们愿意接受吗？”“愿意！”话音刚落，教室里响起了热烈的掌声。随后我公布了获得转盘资格的规则，翰的眼神中绽放着热烈的光芒，他与霖交换了一下眼神，两个人默默地点头微笑，仿佛奖品势在必得。

后面的半学期时光，学生们都在“幸运大转盘”的逸趣中快乐成长，也拿到了自己中意的礼物，对于凭自己实力获得的奖品，大家也格外珍惜。在翰的带动下，几个调皮的学生也积极参与到百分考核活动中，成绩不断攀升，迎接他们的同样是惊喜十足的转盘和品种繁多的礼物。

激发学生的成长内需力，不仅能帮助学生进步，让其获得学习提升的荣誉感，形成团结向上的班级氛围，还能巧妙化解我与学生之间的陌生感，让我顺利融入并带好班级。

（原文发表于《班主任之友》2020 年第 13、15 期）

中途接班的“三把火”

张 健

工作第二年，因城乡交流，我被调入市里一所小学，担任五年级班主任。

一开始得知这个消息后，我压力骤增，梦里都是上课：我站在讲台上，看到学生的课桌书本高垒。

既来之，则安之。我开始想办法迎接挑战。挑战一是家长的质疑：一个刚入职的农村学校老师，能带好这个班吗？挑战二，我初来乍到，如刘姥姥进大观园，人生地不熟，什么都要重新学起。找到问题，就找到了突破口。在询问了我现在的搭档王老师之后，我像抓到了救命稻草一般。王老师原本是我任教班级的班主任，因为同时担任两个班的教学，难以顾及，所以由我顶上。王老师为人随和，我虚心向他请教班级各种事宜，他也热心告诉我。有了王老师的支持，“江山”顿时安稳了许多。

开学前几天，我向王老师了解班级学生的具体情况，并专门记录在本上，事无巨细：哪个学生学习基础不牢，哪个学生习惯不好，哪个学生责任心强……我一一问清，并详细记录下来。

开学第一天，我送给孩子们一件特殊的礼物——用他们的名字串起的一篇文章。孩子们笑得前仰后合，我一直悬着的心终于慢慢放下。“老师，您不是新来的吗？怎么这么快就知道我们谁是谁了？”有的孩子诧异地问。

“我会读心术啊，我不仅知道你们的名字，还知道你们在想什么。”我故弄玄虚。其实不到一周，我就记住了全班学生的名字，对他们的情况也都有了详细了解。

新官上任三把火，好戏还在后头。

第一把火，凝聚人心。我先是通过团体游戏，来凝聚班级向心力。“解开千千结”“报纸坦克”“小组拼图”等心理团体辅导游戏被搬上讲台，让孩子们发现班会原来可以这样玩，切身体验到团结的力量。

之后是唤醒那些被贴上“差生”标签的孩子的学习热情。

我调整原来的座位，给曾经坐在角落里被冷落很久的学困生安排乐于助人的同桌。在班会上，在早晚点名时，大力表扬、鼓励他们的点滴进步。让孩子们看到自己发展的可能——新学期、新班主任对很多孩子来说，也意味着新的起跑线。

第二把火，得到家长们的认可。第一次家长会，我向王老师和师父请教后，一改之前家长会上老师讲、家长听的模式，采用班委策划、学生主持的方式，将家长会开成了一次全体学生的展示会。

朗诵、小品、合唱……孩子们自编自演，以表达对父母的爱、对老师的感激、对成长的渴望。连最不善言谈的小宇也上台说了段脱口秀，他的冷幽默逗笑了所有人，也让家长看到了孩子们可喜的变化。

家长会后，家长对我的教育理念赞不绝口。有一个家长专门让孩子给我带来了信："张老师，第一次见您，感觉年轻的您特别有智慧，正像儿子每天回家说的那样，这是一个有趣又可亲的老师。您组织的这次家长会让我反思良多，原来在正确的引导下，每个孩子都能有非常大的变化……"

第三把火，把温暖和善良的种子种在每个孩子的心中。

班里的学生小钰得了过敏性紫癜，已经一个月没来上学了。周五放学后，我带着全班同学去看她。男女生两队浩浩荡荡，成了路上一道亮丽的风景。至今我还记得，每个孩子脸上洋溢着青春的光芒。

周末闲来无事，我就约班里的孩子一起去玩，沿着威海公园步行、拍照；去海边看海喂海鸥；去爬山……我和孩子们打成了一片，开启了我教育生涯中又一段开心美好的时光。

如今，10 多年过去了，那些孩子已经大学毕业，有的同学还时常跟我联系，有的同学已经不知身在何处。可我每每回忆起这段中途接班的往事，依旧心潮澎湃。我看到了一个年轻的班主任老师用她的努力点燃了自己的青春和孩子们的年少时光，点燃了一个班的积极向上的热情。

中途接班的"三把火"，至今还在燃烧……

（原文发表于《当代教育家》2020 年第 4 期）

漫画，为你特别定制

卢桂芳

原班主任因身体问题辞任，我虽然早就知道这个班的学生淘，与原来的“老班”相处得并不融洽，但走进班里，我才发现自己还是低估了学生对我的抵触情绪。面对我的到来，他们打着原班主任的幌子处处针对我：“我们老师从来都没有对我们提出这样的要求。”“我们班没有这样的先例。”……

虽然没有料到他们会公然与我叫板，但为了迅速融入新的班级，我还是做了充分的准备。

“你们可能不知道吧？我和王老师不仅是同事、邻居，还是最好的朋友，所以，你们不必跟我强调‘我们老师’。论亲密程度，我和王老师之间并不亚于你们；也不要跟我强调‘我们班’，既然我来了，这就是‘咱们班’。还有一点你们可能也不知道，因为王老师的关系，我一直都关注着‘咱们班’的每个同学，也和王老师讨论过班级的许多事务，所以班里有什么样的规矩和要求，我可是门儿清的。”

但并不是所有学生都相信我的话，坐在第一排的毛玮率先斜眼瞟了我一下，“哼”了一声，把头扭向一边。她是一个连老师都不怎么敢管的学生，班里的其他同学也都唯她马首是瞻。之前班里不少事都是她在背后指挥。她不穿校服、喜欢化妆，甚至会描眼线、涂睫毛膏、戴耳钉，有时一只耳朵上会有 3 个小耳钉，大家在背地里都叫她“猫子”。我要想顺利接班、实现“破冰之旅”，她是个关键人物。

还好，我有备而来。

“毛玮，你不相信老师的话是吧？”听到我叫她的名字，她并不意外。“当然，我能认得你，你不会觉得惊奇，因为你心里本就把自己看作了学校的公众人物。”她扭到一边的头转了过来，直视着我。“我不仅认识你，还知道你的理想，你一直都追求完美，从外表上看，你具有典型的唯美主义。”我特意停了下来，等待她的反应。“您知道我的理想？”“你崇拜名模吕燕，你的妆容都向她靠拢。不过我想说的是，吕燕赢在了气质上，所以她才走出一条属于自己的名模之路。你的五官很精致，天然去雕饰，你没有必要刻意模仿她的外表。有趣的灵魂万里挑一。我送你一份特别定制的礼物，希望你能喜欢。”说完，我取出了一枚自己制作的漫画胸牌，正面是毛玮的画像，背后是吕燕。

看得出来，毛玮相当喜欢这份独特的礼物。“老——师，这是您画的？”犹豫的语气中，她已经从对抗转变为认可。“是啊，我喜欢涂鸦，没事的时候就喜欢琢磨别人，然后设计一个形象。怎么样？抓住你的特点了吧？”“嗯！我喜欢，这真是一份特别的礼物。”“喜欢就好，我之所以把你和吕燕放在一起，就是希望能鞭策你、鼓励你做最好的自己。”“老师，我明白。”为了啃下“猫子”这块硬骨头，之前我可没少跟王老师私下交流，好不容易才了解她化妆的初衷是为“追星”，这才为她特别定制了这样的见面礼。课后，毛玮卸下了浓妆。首战告捷！

毛玮是班里的核心人物，但并不代表其他学生不重要。一周之前，在学校领导征求我的意见后，我就已经开始着手准备了：他们肯定想不到我能叫得出他们每一个人的名字，他们更想象不到我还能为他们每人准备一个小小的漫画画像。当然，为了做到这一点，我可是下了苦功夫：我跟王老师要来了班里每一个学生的信息，采用强化记忆的方式逼迫自己记下来；自己动手制作了一份班级座次表，写下每个同学的名字，并在旁边贴上我从学生信息表里扫描来的相片，一个一个地熟悉；我是英语老师，却借来了学生的作文本，翻看他们的作文，从字里行间寻找有用的信息；多次与其他老师沟通，了解学生的性格特点，结合他们的性格和外貌特点设计每个学生的画像，有的甚至几易其稿……正当他们羡慕地看着毛玮时，我一个一个地叫了他们的名字，送出了为他们特别定制的礼物，伴随着礼物，还有一两句我的寄语。

每一个青少年的心里都住着一个很重要的自我，既渴望得到别人的关注，又希望得到别人的尊重。他们淘气，惹是生非，以期引起老师的注意，也正因为这个，才有了开头对我的排斥。洞察到他们的心理，找到了那个相对真实的他们，我以特别定制的方式走近了他们，也实现了接班的“破冰之旅”。

（原文发表于《班主任之友》2020 年第 13、15 期）

第二章

增强凝聚力

当性格迥异的个体被拼接成了一个集体，就难免会面临建设上的难题，即如何融合、如何凝聚。建设有凝聚力的班级，考验的是班主任对学生身心发展规律的认知和理解，引领的是学生从“存在”走向“归属”的成长进程。

建设有凝聚力的班级

杨雪梅

班级是否具有向心力和凝聚力会直接影响学生的成长。平庸的班主任往往不具备超前的集体构建意识，在面对学生成长中的棘手问题时，只能见招拆招，被动应对。而智慧的班主任却善于营造集体气场，巧妙转化引领，化被动应付为主动防控。

一、让“从众行为”凝聚正向能量

细心的班主任不难发现，班级中只要有一个不好的苗头，就很容易蔓延。一个孩子打游戏，慢慢地，班上就会诞生“游戏团”；一个学生不经意冒出的口头禅，说不定哪天就被一群人挂在了嘴边；餐厅边的垃圾桶里一旦出现了几块白馒头，很快就可能出现越来越多的白馒头……如此种种，说穿了，都是从众心理在作祟——你玩我也玩，你扔我也扔，不然好像我是另类，更何况在这种情况下往往“法不责众”。

其实所谓从众，就是指个体受到外界人群行为的影响，而在自己的知觉、判断、认识上表现出符合公众舆论或多数人期望的行为方式。这种行为方式的显著特点是，学生容易不加判断地接受大多数人认同的观点或行为。其产生的根源是群体压力。此时，班主任的应对转化能力就显得尤为重要。

有一次，在学校的集会活动中，班上有两个孩子交头接耳，抱着“杀鸡儆猴”的态度，我把两个学生狠狠地批评了一顿。不料，两天后的升旗仪式上，这种行为竟然在好几个孩子身上又一次上演了。几经反思，我才发现自己对不守规矩者所谓的严惩恰恰在无意中强化了这种行为，因为小学生对外界信号的接收常常是有选择的，他们更多地捕捉到了“交头接耳”这一行为的与众不同，而忽视了我的禁令。

后来在对班级问题的处理中，我更加谨言慎行，遇到问题时尽量避免群体的负面影响，让“从众行为”正向着陆：有的学生作业没有按时完成，那我就去肯定认真完成作业的大多数；有的孩子做课间操时爱你推我搡，我就狠狠表扬那些跟上队伍认真出操的孩子……调转了方向，教育效果自然大不一样，那些追随正面人物、正向行为的“从众心理”让我们的班级正能量越来越强。

二、用“赋权增能”强化集体意识

作为班主任，我们常常不能理解孩子的一些行为：你是班级的一员，为什么不遵守班级规定呢？老师都是为了学生好，为什么“熊孩子”就是体会不到这份良苦用心呢？

教育管理中有一种“赋权增能”策略，强调要尊重教师个体的主观能动性，赋予教师政策制定和决策参与的权利，从而减少其在教育教学中的“无力感”，为他们在工作和生活中创造机会，增强自我的权能。大量研究证明，教师个体能够参与到教育教学决策中并且成为实实在在的践行者后，能够对自身工作产生实质性的推进作用。

教师在被充分“赋权”后，业务能力会进一步彰显，那学生呢？他们是否也需要在班级中找到存在感和主宰感？我认为答案是肯定的。于是，在班级管理中发现了某些共性问题时，我常常会召开主题研讨会，引领学生用头脑风暴的方式列出尽可能多的解决方法，然后由他们自己商讨确定最终的可行方案。当拥有了自主权后，孩子们更乐于从有利于问题解决的角度来思考化解之道，找寻可行办法，当这些办法是经由他们商讨才最终产生的时候，大家自然乐于遵守和执行，也就自然而然地凝聚到了自己制定的行为框架内。

此外，在日常的管理中我也大胆放权，鼓励孩子们以“量体裁衣”的方式推举自己的小伙伴在班级里担任不同职务。有的同学喜欢收纳东西，大家就把他聘为“小管家”；有的同学点子多，大家就让他去策划班级活动；有的孩子沟通能力强，有对外联络事宜便由他出马……孩子们自己推选出来的“事务员”必定比老师直接任命的更能服众；被推举的学生因为团队的信任而得到了“提拔”，自然也就更不愿意辜负信任，而是更认真地为集体服务。更重要的是因为放手，孩子们的自主能力得到了发展，班级的凝聚力得到了加强，每个个体都在集体的正向影响中昂扬地成长着。

三、以“标签效应”造就积极暗示

“说你行，你就行，不行也行。”这绝非搞怪的语言文字游戏，而是一种神奇的心理现象——标签效应。美国心理学家贝科尔指出：人们一旦被贴上某种标签，就会成为标签所标定的人。

有心的班主任不难发现，在教育中，某个孩子一旦被贴上了“学困生”之类的负面标签，那么其他的老师、同学便都会自然而然地将这个孩子与标签所标定的内容画上等号。时间一长，这个孩子自己也就慢慢地被标签同化，真的差了起来，出了问题。同样，当班主任总是对着学生唠叨“你没有集体意识”“你总拖大家的后腿”“你总是不能遵守班级规定”之类的话，孩子的潜意识里会不知不觉地就给自己定了性：“我管它什么集体。”“我是来拖大家后腿的。”“我就是不能遵守那些乱七八糟的规定。”……

既然负面标签会让人朝着不好的方向转变，那么反过来，正向标签便能够使人转向积极的一面。因此，每接手一个班，我都喜欢用这样的话来开场：“你们是我见过最有活力的小家伙。”每个清晨走进教室，我都会以愉悦的心情和大家分享我的感受：“咱们班散发出的是浓浓书香。”每次组织集体活动，我都尽可能送上我的肯定：“你们真是一群自律的小家伙。”

老师对学生的肯定与认可必定会在学生心中播下一颗信念之种，引领着成长中的生命为了达到信念而不断努力。于是，在引领班级群体的成长过程中，我更乐于为学生贴上“正面标签”和“阳光符号”，以积极的暗示引领他们沿着我设定的路线前行。

如果说富有凝聚力的班级是学生成长的璀璨星河，那么班主任就应该是一个会施魔法的造星人，巧拨心弦，妙引航向，用群体规范牵引着每个学生向光成长。

（原文发表于《新班主任》2020 年第 19 期）

提升班级凝聚力的“锦囊妙计”

刘昌乐

一支队伍若没有一个智慧的领导者，没有严明的纪律，没有强大的凝聚力，要想做到攻无不克，战无不胜，那将是十分困难的。从某种意义上说，班主任带班如同将军带兵，二者有相同之处。要想打造一个和谐美好、积极奋进的班集体，班主任一定要发挥智慧，要掌握凝心聚力的本领。

一、展示师者魅力

学生喜欢什么样的老师呢？当然是拥有高尚人格、广博学识、美好情操和多样才艺的老师。这样的老师很容易征服学生，使学生心生敬仰、心悦诚服，从而自然而然地“亲其师，信其道”。但是许多班主任可能会说，“谁不希望成为那样的教师？可问题是我们的自身条件已经摆在那里，成为那样有魅力的教师也不是一天两天就可以做到的。”

真的是这样吗？其实不然。中等师范学校毕业的我没有广博的学识，也没有多少才艺，许多东西只是学了一点皮毛而已，但是我却能够很快成为学生和家长眼中有本事的老师，学生尊敬我、佩服我，家长信任我、支持我。这是为什么呢？我想是因为我拥有一些提高自身魅力的“锦囊妙计”。

1.藏“拙”

“学高为师，身正为范。”作为人师，我们的言行举止理应成为学生的表率和模范，我们要求学生怎么做，自己首先应该成为那样的人，教师一定要多反思、多内省，尽量将更多优秀的方面呈现给学生。

藏起粗暴，我们就是温润的；藏起急躁，我们就是耐心的；藏起冷漠，我们就是热情的；藏起低俗，我们就是文雅的。于是，在学生面前，我藏起了自己的“大嗓门儿”，藏起了曾经引以为傲的“草书”，藏起了特别喜欢的指甲油，藏起了许许多多不文雅的小动作和坏习惯。我经常反省，发现自己的缺点，然后将它们小心翼翼地藏起来，严格要求自己绝不在学生面前、不在学校里、不在一切公众场合表露出来。

我相信，只要我们一直努力地隐藏自己的缺点，那么终有一天，这些缺点会被渐渐遗忘，会渐渐消失于我们的生命之中。那么，我们在学生眼中、在家长眼中就能够保持一种良好的教师形象。

2.露“才”

教师不但要懂得藏“拙”，而且要懂得把自己最为擅长的东西展示给学生。虽然说教师不可能什么都懂、什么都会，但是，一个总是说“我也不知道”“我也不会”的教师是很难受到学生欢迎的。特别是对小学生来说，教师在他们心中是很神圣的，几乎就是无所不能、无所不知的。有时候，一个受到学生认可的教师说出的话如同圣旨一般，能产生无穷的力量，达到我们意想不到的教育效果。作为班主任，我们不仅要教会学生扬长避短，自己在工作中也要遵循这一原则。

学校举行歌唱比赛，各班水平相当，我五音不全，不能对学生进行专业指导，于是我就在“小指挥”身上下功夫；体操比赛，每个班级的动作都练习得很规范，想要拔尖儿有点困难，于是我就在学生的入场细节上下功夫；绘画比赛，我引导学生们用分染法涂色，画面变得颜色渐变，生动形象；朗诵比赛，我结合所教学科特点，用斜线为学生们画出每个句子的停顿处，教他们准确把握句子的节奏和情感……当班级在一次次比赛中取得胜利时，班级的凝聚力也在一点点提升。

3. 蓄“气”

教师要有真才实学，不能是华而不实的。归根结底，我们要有自己的底气。底气从何而来？当然是自己的专业素养。专业素养的提升离不开持续不断的学习。多读书，读好书，并学以致用，可以让我们的教学和管理水平大幅度提升。

20 年前，我刚毕业担任班主任的时候，所带班级的学生喜欢看一个电视连续剧。为了正确引导学生，我经常与他们聊剧中的情节。我会问学生许多问题，然后给他们补充相关的课外知识，从剧中人物出征时的军装颜色讲到努尔哈赤和他所创立的八旗制度，从诗意的菜名讲到李白、白居易诸多广为流传的诗篇，从剧中美好的爱情誓言讲到汉乐府民歌中的各种情感。学生喜欢我，也喜欢我的语文课，他们经常被我的历史故事、文学故事、寓言故事吸引，从他们的“目不转睛”中、从他们的“鸦雀无声”中，我读到了学生对我的敬佩和对知识的向往。

二、发挥管理智慧

做班主任，尤其是小学班主任，确实不易。许多教师每天千叮万嘱，声嘶力竭，班级依然如同一盘散沙。处在这样的班级中，无论是学生，还是教师，每天的精神状态都是焦躁的、痛苦的。但如果你肯用心，肯开动脑筋想办法，那么你的班级管理可能就会是轻松的、从容的。从教多年，我在实践中慢慢摸索出了一些行之有效的管理方法。

1. 树“标”

我所谓的“标”指的是“榜样”。一个良好班集体的形成离不开榜样的带动作用。但是有的教师可能会说：“现在的孩子大多以自我为中心，表现都不尽如人意，哪里有那么多榜样？”虽然榜样数量不多，但我们可以借机发展。

接手班级第一周，我会偷偷叮嘱几个作业本来就完成得不错的学生再接再厉，好好写作业，然后第二天大张旗鼓地表扬他们一番，将他们树立为“作业榜样”。第三天，更多学生达到了标准，也成了他人的榜样。中午吃完饭，我叮嘱几个热心的学生打扫班级卫生。午饭后，我来到班上将几个“主动”打扫卫生的学生树立为“班级楷模”，并鼓励大家争当“卫生小标兵”。果不其然，第二天，有人主动打扫了教室，有人主动擦干净了黑板，有人主动倒掉了垃圾，有人主动摆齐了课桌……事实证明，没有哪一个学生不愿意被表扬，也没有哪一个学生故意不上进，有了各种榜样的带动，积极向上的班级风气很快形成，班级的凝聚力随之有了提升。

2. 封“官”

作为班主任，我最怕班上的学生出现“事不关己，高高挂起”的心态。要想提高班级的凝聚力，关键是要调动每个学生的积极性，让他们以主人翁的身份参与到班级的管理中来。

给每个学生封“官”是我一贯的做法。人人有事干，人人有“官”当，这样，每一个学生都能在班级中找到自己的位置，也都能够在别人的监督和管理下知道自己应该做什么、不应该做什么。

每天早晨，我还未走进教室，便能听到班级传来的琅琅读书声，那是晨读小老师开始了他们的“工作”；走进班级，学生们坐姿端正，值日小班长正像老师一样，表情严肃地走动着，偶尔轻敲一下桌面，提醒一些同学规范坐姿或者集中精神；做操了，学生们排着整齐的队伍走出教室，我会发现操场上有人立即提醒同学们守秩序，不乱跑；中午下课，很快有同学负责去食堂领取午餐，也会有同学负责督促收拾餐盒；午间练字，有小老师提醒同学们“头正、肩平、足安”，还会有监督员提醒大家注意“一尺、一拳、一寸”的书写规范……

当班级中所有的事情都有专人负责时，每个学生都是这个集体的管理者，人人都能从中收获自信，得到认同。这种认同感是提升班级凝聚力的关键所在。

3. 发“奖”

对于小学生来说，有奖励才会有持续不断的动力。在精神奖励方面，我不仅给予学生即时性的口头表扬，还非常注重制定各种形式的奖励政策。在我的班级中，小小的奖励贴对于每个学生来说都极具吸引力，因为只要集够 30 枚奖励贴，就可以兑换一张奖状。只要肯努力，每个学生都可以在每节课、每项活动、每个岗位上获得奖励贴。而“进步之星”“班级楷模”“学习之星”“全能小达人”等不同名目的精神奖励更是在学生间掀起了一轮又一轮的夺“奖”热潮。

除了精神奖励，我们班上的物质奖励种类更是丰富多彩，有铅笔、橡皮、书籍等学习用品，有糖果、饼干、面包等零食，还有我亲手制作的许多小玩意儿。或者大张旗鼓地赠送，或者偷偷地叮嘱、鼓励，收到物质奖励的学生往往难掩兴奋、激动之情。礼物不在轻重，因为是自己努力得来的，因为是班主任奖励的，所以特别有意义，也因此饱含积极向上的能量。

班级凝聚力的提升不是一件容易的事，也不是一日之功。但管理者如果能够勤于思考，并积极探索与反思，就能够积累下许多教学和管理上的“锦囊妙计”，这些好方法、小妙招能够帮助你更快、更容易地内提魅力，外益管理。师者魅力凝人心，智慧管理聚班力。这样，一个优秀班集体的出现将指日可待、水到渠成。

（原文发表于《江苏教育》2019 年第 7 期）

巧借人际吸引规律，增强班级凝聚力

张　健

人际吸引是指人与人之间相互喜欢和亲和的现象，即一个人对他人所持有的积极态度。人际吸引是有规律可循的，班主任通过恰当借鉴和运用人际吸引规律，可以营造良好的班风，增强班级的凝聚力。

一、了解特质吸引规律，赢得良好印象

特质吸引规律是人际吸引的重要内容。特质吸引规律强调的是个人的外貌、良好品性以及优异才能会使人在交往过程中对他人产生吸引力。

在第一次与学生和家长见面的时候，我非常注重个人形象。每次接手新班，我都会精心化个淡妆，不仅给自己一个好心情，更让学生在无形中感受到我是一个有活力、可信赖的人。

在教师的专业教学能力方面，我通过创设轻松的课堂氛围，用幽默风趣的教学风格吸引学生。我喜欢读写，经常和学生分享最近的读书感悟，以及写作发表、收到稿费的好消息。很多学生在我

的影响下也爱上了读书和写作，班上不少孩子的作品发表在各类报刊上。

作为国家二级心理咨询师，我把沙盘、卡牌等心理技术引入班级管理中，帮助学生解决情绪问题。在学生眼里，班主任很有魅力，这无疑会提升班级的凝聚力。

每次家长会，我都会借助心理活动，让家长了解自己孩子的学习风格，学习“非暴力”沟通的方法。体验式的活动让家长易于接受，同时感受到班主任的专业能力，从而更加信任老师。

在个人特质吸引规律中，个性对人际吸引的影响力是最突出的。心理学家安德森通过列出描绘人的个性形容词，对人进行测试，结果表明，被评价最高的是真诚和真实，而评价最低的是说谎和虚伪。在班级管理中，我用自己的言行告诉学生，要做一个真诚的人。当误解学生或自己犯错的时候，我会坦诚地向学生道歉；在学生犯错的时候，我也会引导学生认识到“犯错不可怕，认识到自己的错误并改正”更重要。

二、借助邻近规律，全方位拉近距离

社会心理学家费斯汀格对住在同一楼层并成为亲密朋友的人的情况进行了调查。他发现人与人在交往过程中，如果人与人的空间距离接近，交往频率便会提高，也很容易有共同话题，从而增强彼此之间的吸引力。这就是邻近规律。

开学初，我充分利用这一规律，开展“手解千千结”“同甘共苦”等团体心理辅导活动。在活动中，让孩子们通过与同学之间的互帮互助、团结协作，体验积极的情绪，从而引导他们思考“同窗的缘分”，寻找志同道合的朋友。

担任低年级的班主任时，我经常待在教室里，在孩子们需要我的时候，可以随时找到我。空间距离的拉近也很快缩短了我与学生的心理距离。每天中午，我专门设置了聊天时间，这是师生的美好时光。在 20 来分钟的交流中，学生聊自己最近的烦恼或分享开心的事情，就这样，不良的情绪得到缓解，快乐的情绪得到赞赏。

一次次的班级活动正是运用人际吸引的邻近规律来提升班级凝聚力的有利时机。在军训活动中，我积极动员和鼓舞，学生动作整齐划一，口号震天响，“我是蚂蚁一班”的归属感被淋漓尽致地表现出来；在《闪闪的红星》红歌比赛中，我充分调动学生的积极性，大家一起排练动作、加入朗诵、准备红星，一个孩子还专门买了国旗的脸贴……

诸如种种皆源于“我是班集体的一员、我为班级争光”的动力。

三、通过相似与互补规律，打造多元班级文化

同学们在交往中容易被对方与自身相似或一致的因素所吸引，也会由于性格互补而产生强烈的吸引力，这就是相似或互补规律。

借助这一规律，班主任可以留心观察，让同学们学习好朋友的

闪光点，还可以张扬不同类型学生的个性，打造有个性的班级文化。

加德纳的多元智能理论指出，每个人都有自己擅长的方面。在班级中，总有几个孩子默默无闻。通过相似或互补规律，引导这样的孩子参与到班级活动中，也是很关键的一步。

小玥就是这样的孩子，她安静、胆小，在班里缺乏存在感，平时很少主动与同学交往。在和她妈妈的聊天中偶然得知，孩子特别喜欢画画，虽然才上一年级，但国画、儿童画得过不少奖。何不以此为突破口呢？于是，我和小玥妈妈商量，利用后黑板的展览区为小玥举办一次画展。我还乘机安排了平日里同样少言寡语但认真仔细的孩子一起来帮忙挂作品、张贴标题、送邀请函……就这样，小玥成功地举行了个人画展。

看到小玥的成功，班里喜欢画画的孩子都行动起来，他们相互交流着、切磋着。后来，从画展到街舞表演，再到书法作品展，每一次展示都为孩子搭建了展示的平台，也为这些有着共同爱好的孩子组建了活泼的非正式群体。

在安排座位上，我利用互补规律，让不同性格的孩子坐在一起，组建起异质型小组。在小组活动过程中，他们能取长补短，共同发展。

巧借人际吸引规律，增强师生、生生、家校之间的吸引力，能让教师更有魅力、学生更有归属感、班级更有凝聚力。

（原文发表于《新班主任》2021年第1期）

创设温暖的班级氛围，增强学生归属感

王晓菲

班是谁的班？这个问题，我们都不陌生。虽然全中国的班主任没有在一起开过会，但大家的答案是一致的，那就是学生的班。班主任在建设班集体的过程中，初衷都是要把学生放在主人翁的地位去考虑，可是过程往往稍有偏离。虽然我们付出了时间和精力，使得班级管理井井有条，各项评比遥遥领先，可是孩子的心里却少了对班级的认同感和归属感，尤其班级里那些不太听话的调皮“分子”。他们时不时做出违反班规校规的事。每当这时，班主任定会批评训诫，其实这时候是让他认识自己的错误、增强他的集体荣誉感的关键时刻，如果班主任把握不好分寸，学生就会认为班主任不是在帮助他成长，只会认定老师怕扣“自己”的分才会对他这般严厉。教育在于帮助、引领、启迪每个孩子健康成长，我们班主任在班级管理中的一切方法和措施都应有助于学生的成长。

一、学做一名温暖的班主任

激发学生的班级归属感，让学生明白这是谁的班级，我们要做的还有很多。

1. 努力成为学生的自己人

“自己人好办事”这条放之四海而皆准的真理，在班级管理中同样适用。当学生觉得班主任是自己人，那一切教育就有了入口，犹如春雨一般瞬间滋润心田，那个被滋润了的小心田一抬头就会找到归宿——我的老师，我的班！

浩是一个拒人于千里之外的孩子。“老师好！”一天一声清脆的问候，在走廊与我不期而遇。我一抬头看到那张脸，顿时惊呼：“浩！”“不是，老师，我是源，浩是我哥。我俩是双胞胎。”孩子看着我错愕的表情，跟我解释道。“哦，你俩是双胞胎呀，你在几班呢？”我跟源闲聊了几句后，心里一阵感慨，都是一个妈生的，怎么差距那么大，弟弟阳光开朗，哥哥阴郁沉闷。回到班上，正好物理老师过来告诉我，在这节课上，因为老师批评了一句，浩“啪”的一下合上书，然后坐着发呆。我脱口而出：“你比你弟差远了！”孩子猛一抬头狠狠地看着我，我吓了一跳，着实因为这个表情而心颤。之前不管怎么批评，他都是不说话，今天这是怎么了？下了课，我给浩妈打电话，说了孩子的情况。浩妈无奈地说，这个大儿子以前不这样，上了学之后就像变了个人似的，在家里说不得，哄不得，还常常摔东西。一个偶然的机会，我去了浩的家里。刚说几句话，浩妈就拿出奖状自豪地说：“老师您看，这是源的，这也是源的，唉，浩啊，就不是上学的料。以前为了开家长会方便，就把他俩放在一个班，结果老师经常打电话说浩哪儿哪儿都不如源，我们回来后就批评浩，久而久之，浩越来越差，源的成绩越来越好。”啊！我仿佛明白了，原来浩上学之后就一直在这种比较中生活着。其实我们都知道每个孩子接受知识的速度不一样，哪怕是双胞胎，也有发育早晚的问题。浩从入学到现在，周围人对他的最多评价就是他不如弟弟，孩子的世界里鲜有肯定和表扬，更别提鼓励了。那时我能感到，当浩第一次听到不如弟弟的指责时心中的痛苦，我甚至能想象出，多少个夜里，孩子躲在被窝中抽泣的画面。我十分内疚，过了这么久才懂孩子。这时哥儿俩回来了，我站起来，准确地认出了浩，不由分说地把孩子搂在怀里。浩挣扎出来，看到我满脸的泪水，他第一次开口叫了声“老师”。

每一个孩子出了问题都有原因，每一个生命的成长都需要爱的守望和陪伴。我很幸运，成了这么多孩子成长的守望人。以前我做得不够好，没有走进孩子的内心，以后我要让孩子知道，我是他的自己人，他的成长我来守护。

2. 适时放下教师的尊严

师者，传道授业解惑也。多年前，孔子于大树下给人传经授道、指点迷津。如今几千年过去了，教育上的优秀传统被教师们一代代地传承了下来，并发扬光大。每一年，数以百万计的毕业生投身到报效祖国的队伍中，可是若问孩子们在求学的历程中，他们印象最深的是什么、对他们踏上社会最有用的是什么，恐怕不是教师站在高高的讲台上讲授的知识，而是教师某个俯下身段、某个让人暖心的瞬间。

我们的教育者何必高高在上？教育的目的是让孩子成长，教育者也要和孩子一起成长。适时放下我们固守了那么多年的师道尊严，只有放下身段，才能走进孩子的内心。在学校里，或许老师是最虚荣的，孩子看见了就要叫什么什么老师，似乎如果孩子叫别的，老师就觉得不合适。记得刚毕业的时候，那时候很年轻，学生在私下里都叫我小菲姐，我也觉得特别亲切。孩子们叫顺口了，在校园里也这么说。有一次，几个孩子到办公室找我，看到我不在，王超开口就问其他老师："老师，小菲姐哪儿去了？""你这个小子怎么能叫老师姐呢？真是没大没小！"一旁的老教师一声喝道，孩子们一溜烟跑了。其实只是一个称呼而已，如果能拉近和学生的距离，大家又何必大惊小怪呢？

3. 精心呵护孩子的自尊

每个人都有自尊，当孩子感觉自尊心受伤时，他会从恐惧到反抗来保护自己，若一再受伤，孩子会选择漠视，直至不屑，这是教育者的无奈，可是老师是否深究过，您呵护孩子的自尊心了吗？

上小学时，数学一直是我的弱项，有一节课老师布置了6道题，谁做完一道就拿给老师检查。眼看着周围的小伙伴们三三两两地往讲台上走，我心里很着急，但就是做不出来。快下课了，老师说，全做完的同学举手。我一看周围大家都做完了，我也颤颤巍巍地举起了手。老师一声呵斥："你也举手？一节课你一次也没拿过来给老师看，也好意思举手？这是虚伪！"小伙伴们下课也围着我说，你真虚伪，那时我觉得无地自容。老师是恨铁不成钢，以此激励我，可是我的感觉却是羞愧难当。时至今日，我还记得老师当时的面部表情。

每一位教师都爱孩子，都在以自己的方式教育着孩子。可是很多时候，孩子感受不到老师的爱，他们说，你说你爱我却疾言厉色，你说你爱我却面部狰狞。这样的爱怎么能走到孩子的心里去呢？这样的教育怎么能让孩子有归属感呢？

二、捕捉日常中的温暖时刻

多年的班主任经历告诉我，于教书育人的路上积极捕捉日常中的温暖时刻，会让孩子们看似平静的心绪比以前更温润，班集体会更加团结向上。

1.班与学生，互相成就

前不久，为了响应学校"打造温馨教室"的号召，我让孩子们从家里拿几盆花过来。也许是到了高年级，孩子们对班级工作不再似以前那般上心了。瞧，几天过去了，教室里只有可怜的几盆小肉肉，在偌大的教室里越发显得娇小。我看着孩子们忙碌的身影，心里因评比将近而着急，但是我什么也没有说。此时正好另一个老师让我去听课，一到他的班级，空调上一盆旺盛的绿萝就猝不及防地跳入我的眼帘，还有几盆吊兰和说不出名字的花正肆意地生长着，被摆放在教室的各处。我抑制不住羡慕，一节课连连看去。下课后，我跑到教室，对孩子们说："走，我们赏花去！"孩子们不明所以，但依然一阵欢呼。我们四十几个人浩浩荡荡地到了这个教室，孩子们边看边称赞。这个说，这个花好看；那个说，我家有比这个还好的，明天拿到咱们教室去；还有的学生说，对，我家也有。逛了一圈，孩子们若有所思，回到我们光秃秃的教室，坐在座位上出奇的沉静。第二天，正如你所猜到的，教室里摆满了开着颜色各异的花儿的绿植。

从积极心理学的观点来看，建立一个优秀的班集体需要教师积极组织各种活动，需要每一个小主人的积极参与，在活动中促进学生发展核心素养的落实，让学生更具归属感。学生的归属感成就了一个优秀的班集体，而优秀的班集体也成就了一群具备核心素养的学生。

2. 同事无间，感染学生

人类无爪无角，身体柔弱，却能一代一代地生存下去，这全依靠着彼此互相帮助，互相合作。若凡事只靠一人，任何事都不能成功，教学更是如此。教师间彼此交流，可以体会到同伴智慧的精华，同时能迸发出教育的灵感，从而更好地促进学生的全面发展。因为学生，各任课老师才走到了一起，人人都说教师在教育学生、成就学生，其实教师何尝不是被学生成就的？

2020年中考将至，我们班语文老师犯了眼疾，上课时突然看不清要讲的内容了，她无助地趴在桌子上大哭。我作为班主任，马上布置班长安顿好课堂，带语文老师去检查。结果医生建议她休息两个月，那就意味着截至半个月后的中考，我们班都没有语文老师了。还没等领导安排老师来代课，我们班其他任课老师就纷纷表示，自己的孩子，自己最了解他的性子，剩下这几天的语文课，我们一起看着上。那一刻，我泪流满面。在有困难的时候，是同事们抱在一起，互相给予支持，给予温暖。在接下来的半个月里，语文老师在电话里布置任务，我们几个任课老师轮流看着学生复习巩固。孩子们看到老师们合作无间，真诚共事，大家在这温暖的班集体中找到了归属感，他们感动在心，干劲十足。日久天长，教师群体间的团结合作便会在学生中产生潜移默化的影响，这种身体力行的效果比说教更生动，更深刻。“一朵鲜花装扮不出美丽的春天，众人合作才能移山填海。”“凝聚产生力量，团结诞生希望。”我们教师只有团结合作，才能凝聚力量，才能共同培育教育的春天。

3. 合理认知，温暖不超限

班主任总想抓住一切可能的时间对学生进行思想教育，晨点、午点、晚点的铃声结束后，依然有班主任的喋喋不休，他们总认为想到的都得嘱咐到，宁肯多说了学生记不住，也绝不轻易漏掉。殊不知，此刻学生的心早已随着铃声飘远了。就像我读过的马克·吐温的故事：

> 有一次，马克•吐温在听演讲，最初他觉得演讲者讲得很感人，就准备捐款，并掏出了自己所有的钱。过了10分钟，还没有讲完，他有些不耐烦了，决定只捐一些零钱；又过了10分钟，还没有讲完，他决定一分钱也不捐了。当演讲终于结束了，开始募捐时，马克•吐温由于气愤，不仅未捐钱，还从盘子里拿了两元钱。

有的时候自己就像那个演讲者一样，对学生的说教，一开口就停不下来，似乎总有说不完的道理，似乎总怕说不透。特别是一周一次的班会，刚开始，我告诉孩子们，今天我们主要讨论三点：踏实、扎实、诚实。我发现说到这里的时候，孩子的眼睛是放光的，他们想跟老师探讨人生的态度，想跟老师学习经验。从孩子们闪亮的眼睛中，我似乎受到了鼓舞，便更加卖力地慷慨陈词、引经据典、联系实际，当时的场面一定是唾沫横飞。过了十几分钟，也没有告诉孩子们开始第二点，似乎那第一点总是没完没了。我一直沉浸在自己的激情中，全然没想到人会有一种心理效应，叫作超限效应。看着有的孩子低下了头，有的孩子目光暗淡，有的孩子想打哈欠却不敢张口打，小鼻孔因为紧闭的嘴巴而撑得很大，我忍不住发火：这样的苦口婆心，你怎么就听不进去呢？可是又一想，我自认为准备充分且有理有据的说教，当进行到这里的时候，效果在哪里呢？虽然句句是道理，但孩子却不能虔诚地接受，他们已经达到了认知超载，我的喋喋不休不仅达不到教育的初衷，可能还会引起孩子的反感。凡事都应有“度”，班主任在教育的过程中更要有合理的认知，要考虑到人的心理，警惕“认知超限”，要把握好火候和尺度，只有这样，教育才能取得应有的效果。

教育是一门艺术，若仅凭经验去雕琢，即便用心，也难免使其缺少灵性。而在行走的过程中，做一名有温度的老师，做让学生感到和善的教育者，那我们不仅会给艺术带来锦上添花的精彩，更多地会给予亟待成长的心灵以温情理解的呵护与雪中送炭的温暖。

（原文发表于《青年教师》2021 年第 3 期）

让孩子们心有所“属”

王连华

最近，小王老师很苦恼：教室里出现了纸屑没人理会、垃圾箱周边的卫生无人打扫……班级卫生连续扣分，连续好几周与“规范班级”的流动红旗失之交臂！小王老师反复强调：“同学们，要注意保持教室内的卫生！”“同学们，大家都要为班级争荣誉！”……可班上总有几个“不省心”的，不听、不顾，全然不把集体的事情当回事儿。

心里有班级，事事以班级利益为重，是班级工作良性运转的前提。凝聚力是班级建设的核心工作，凝聚力能让学生形成归属感，这样他们才会为班级的不足感到羞愧和自责，才会为班级的发展感到自豪和骄傲。那么如何让孩子们心有所“属”呢？

一、确定目标，思想引领，激发归属感

有人说，一个班级就像一艘航船，班主任就是这艘航船的船长，决定着整个班级的航向。为什么我们班一直没有夺得“规范班级”的流动红旗？因为这个目标只是在班主任的心里，却没有在孩子们

的心里，更没有成为全班同学内心的共同渴望。

作为班主任，我可以拿出一套解决方案，制定出惩罚措施，卫生肯定能大有改观。但是，孩子们只会为不被惩罚而做事，对班集体没有情感，没有归属感，一旦班主任的监管不到位，他们就像一队“散兵”经不起考验。为此我改变了策略，从思想上下功夫。

有一次我到邻班听课，回来后，和同学们一起分享我的感受。“今天到咱们邻班听课，让我感触最深的是他们教室外面挂的火红的流动红旗，走进他们班就感觉班风不一样，给人一种团结向上的力量。我们班同学的心也非常齐，上次拔河比赛时同学们的风采我依然记得，我们班同样也是一支胜利之师。所以，我觉得一支胜利之师也需要一面旗帜来肯定我们的成绩，昭示我们的力量，大家有没有信心把‘规范班级’的流动红旗夺过来……”

经过我的一番鼓励，同学们精神抖擞、信誓旦旦，我们这支胜利之师一定要努力夺得下一周的流动红旗。帮助同学们从思想上提高认识，把个人卫生上升到班集体荣誉的竞争上，大家的心往一处想，劲往一处使，夺得“规范班级”的荣誉指日可待。

二、就事论事，以生为本，形成归属感

有了问题就要及时跟进，查找问题存在的原因，首先我和班委成员一起对卫生值日表重新做了规划。

新学期的卫生安排是我和卫生委员按学号分配的，因为当时对

大家还不了解，所以值日安排看似细致到人，实际漏洞百出。子豪每天坐班车上下学，路上时间较长，他的卫生任务却是早晨拖地，导致很多次上课时地还没有拖完；小颖的家离学校比较远，早晨到校也晚，而她却在周四有教室值日任务，导致每周四早晨的地面值日基本上由她的队友小惠一个人完成；小苏是个马大哈，却要负责柜子和书架的卫生……

针对上述问题，我和班委一起讨论，对卫生值日安排及时做了调整。对坐公交车的同学不安排早晨的打扫任务，而是换成擦黑板；让路近的同学早晨来参与打扫教室；拖地、收拾垃圾等任务多分配给男生，擦黑板边、收拾桌面这些细致的工作就让女生来做……

这样的调整看似没什么特别，却充分考虑了个别孩子的特殊情况，在人员的安排上也充分考虑了优势互补、男女搭配、同学关系等因素，让每个人都从心底感受到班级对他们的理解和照顾，值日安排更具人性化，大家的心团结得更紧了……

三、立足日常，及时跟进，增强归属感

在执行过程中，我发现有的同学没有很好地参与进来，由于个人原因导致班上扣分，他不但不积极改进，还一点也不在乎，思想上始终游离在班集体之外。

我突然想到了其实每个家庭的和谐都来自家庭成员的优势互补。这种优势互补能不能运用到班级卫生的维护上呢？我将这个问题拿

到班会上来讨论。

“首先，我得肯定近一阶段大家所做的努力。我能看得出来，班上大部分同学的卫生有进步，大家各司其职，卫生一直保持得很好，但也有一小部分同学因为个人卫生习惯的问题而给班上抹黑了，大家有没有什么好方法可以帮助他们？”

问题一提出，教室里就议论开了，大家纷纷提出了自己的建议。最后，我们达成一致，同桌两个人要结成帮扶对子，相互帮助，相互督促，在此基础上，小组 4 个人结成监督小队，每天由小组长定时检查，最后由值日班长和卫生委员不定时检查……我满意地笑了。在热烈的讨论中，大家的目标更明确了，孩子们的心也贴得更近了，那些平日个人卫生习惯不太好的同学在同桌、组长、值日班长的督促下，也认真地参与了进来，班级有了凝聚力，整体卫生立马改观了不少。

把集体遇到的问题拿到班会上来讨论，让每个孩子都参与到班级建设中，帮助他们逐步意识到自己也是班级的一员，自己的所作所为会为班级增光和添彩，进一步强化他们的班级归属感。

四、全面评价，鼓励带动，强化归属感

争得“规范班级”的荣誉之后，我及时在班上做全面的评价、总结，集体讨论了争创“规范班级”以来哪些方面做得好、哪些方面有待改进，进一步明确了下一阶段我们努力的目标。

在班会课上，我是这样开始的：“同学们，外面挂的流动红旗真显眼，大家觉得好看吗？”

“好看——”孩子们的脸上洋溢着幸福的笑容。

“这是一种荣誉，更是我们团结一心的象征，是我们每个人一齐努力的结果，祝贺你们——”

“同学们，‘规范班级’的流动红旗来我们班了，我们要努力地保持，想办法永远留住它，好不好？只有我们每个人都把班级当成自己的家，做好自己应该做的事，我们的小家才能发展得更好，你们说对吗？”

“对——”教室里的声音震耳欲聋。孩子们一个个身板挺直，精神抖擞，我知道这样的班集体一定是积极向上的，因为这里凝聚着我们每个人的力量。

学生们有了归属感，就会对班级产生一种向心力，将自己的一言一行与班级联系在一起，在班级内形成一股强大的凝聚力，从而形成良好的班风。

（原文发表于《班主任》2021 年第 4 期）

让学生从“存在”走向“归属”

庞丽虹

在班级里只有让学生产生归属感，才能发挥应有的教育功能。学生在班级中的身份认同、参与意识、情感体验都将影响他们的班级归属感。

一、身份认同：让儿童从“自我”走向“群体”

一年级学生对集体概念的认识不强，教师的认可和关怀、同伴的接纳和帮助都有助于他们对班级产生归属感。

1.教师的认可和关怀

进入新班级，教师的认可和关怀对学生产生角色认同、快速融入班级至关重要。这种认可和关怀可以体现在对孩子身体健康的嘘寒问暖，对孩子学习、品德、卫生、纪律等方面的肯定和表扬，当学生面对困难时给予的鼓励和帮助，引导学生时的耐心和细心等方面。

去年秋天，我接手了一个一年级新班。班上有个叫铭的孩子，开学第一周，他没有和我说过一句话。无论我问什么，他都不回答，他也从来不和其他小朋友玩。我发现铭非常在意别人对他的评价。当我鼓励他的时候，后面他会做得更好。于是我尽可能通过正面、积极的关注去引导他。一个学期过去后，铭越来越喜欢和周围的同学一起玩耍，也渐渐融入了班集体。

2. 同伴的接纳和帮助

一年级学生特别喜欢打小报告，这不仅是儿童特有的天性，更是他们为了博得老师的关注而做出的一种行为。虽然这种行为可以帮助教师监督一些学生的不良习惯和行为，但是频繁的“举报”容易造成班级同学之间的猜忌、隔阂，从而扰乱班级秩序，造成同伴关系的不和谐，致使学生感受不到班级的安全氛围。

为什么学生只会发现别人的错误，却没想到提醒和帮助别人呢？每个孩子都是天性善良的、有爱心的，但是这种善良温暖的本性却在别人出现错误时隐藏了起来。

于是，我在班会课上说道：“你们打报告是为了指出别人的错误，这是一双批评的小手。你们既然知道怎么做是正确的，那为什么不去提醒他们或者帮助他们改正呢？如果你们伸出手帮助他们，那么你们的这双手就是一双有爱的小手了。”

就这样，每次有学生来打小报告，我都会问：“你是否帮助了那名同学？”慢慢地，不再需要我询问，学生就会和我分享自己是如何帮助同学改正错误的。后来跑到我面前打小报告的学生越来越少，他们渐渐学会了互相帮助，互相温暖。当有学生打不开书包柜的时候，旁边马上伸出了一双温暖有力的小手说着“我来”；有同学生病呕吐的时候，课桌边很快出现了帮忙收拾卫生的小手。

就这样，有爱的小手渐渐代替了指责的小手。小报告少了，原来那些总喜欢盯着别人身上缺点的同学把注意力更多地放到了帮助别人身上，每个学生在班级中也交到了更多朋友。

二、责任意识：让儿童从“配角”走向“主角”

班级是学生在学校的家，参与越多，融入越好，他们就越爱来学校。正如《欢迎来到一年级》中所说的：人是群居动物，我们都需要在集体中生活，在团队中协作。明确自己归属于某一个团体，就会带来安全感。

班上有个叫小昊的孩子，浑身充满活力，课上喜欢发言，但是当别人发言时，他却不能认真倾听；课上他的坐姿总是不端正，只要我没注意到他，他就会歪头斜脑，任凭我提醒多次，他始终不能改正。但是某天的一件事却让我改变了对他的看法。一次，我让他去倒垃圾、为水桶换水，他却能够尽心尽力地办好。

从这件事中我发现，小昊非常喜欢表现自己，他希望时刻得到我的关注，得到同学们的认可。当他感受不到我的关注时，就会做出一些错误行为来吸引我的注意力。显然，小昊希望得到关注，是在寻求存在感和安全感。于是，我顺意而为，为小昊安排了多种多样的任务，将更多的责任赋予他，让他在为班级劳动和承担责任中感受自己身上迸发的积极力量。不出意料，他每一项都完成得很好。

三、情感体验：让儿童从“存在”走向“归属”

心理学研究表明：儿童的班级归属感主要表现为他们在集体生活中所体验到的责任感、仪式感和自豪感，教师应关注儿童积极的自我情感体验，引导他们寻找班级归属感。

我发现，班级内有很多同学热衷于为班级作贡献，他们身上都潜藏着无限的能量。而让每一个学生成为班级的管理者和贡献者，为班级贡献力量，就是以一种积极有效的方式释放出他们身上的能量。在班会课上，我向学生征集班级管理志愿者，让每个学生都有机会贡献出自己的力量，诸如打扫卫生、管理班级纪律或者领读课文等任务，大家都踊跃报名。

作为教育工作者，除了关心学生的身体健康，我们应该更多地关注他们内在世界的成长，为学生营造舒适温暖的班级环境，帮助他们找寻心灵的寄托与归属，让他们从心底认可自己所在的班级，信赖自己的师长，依赖自己的同伴并被同伴所依赖。只有这样，学生才能在精神层面上获得存在感和归属感，才会愿意把自己交付于班级这个大家庭。

（原文发表于《班主任》2021 年第 4 期）

让班徽凝聚班级成长的力量

卢桂芳

作为班级的标志，班徽对班级的精神文明建设能起到重要的引领作用，是班级精神风貌的象征。每年开学之初，我都将设计和确定班徽作为一项重要的班级活动让全体同学参与，以此来促进班级精神的提炼和显化。

一、赋予含义

在设计班徽活动之前，班主任老师要做的第一件事情就是赋予班徽深刻的含义。

在同学们疑惑的目光中，我在黑板中间写下了一个大大的“徽”字，并提出3个问题：1.这个字读什么？2.它有什么含义？3.它可以组成什么词？同学们给出了第一和第三个问题的答案：这个字读作huī，可以组成安徽、徽州等词。但是第二个问题的答案却没有人知道。我请他们查阅《新华字典》，很快答案就出来了：①表示某个集体的标志，符号；②美好的；③徽州，旧地名，在今中国安徽省歙县。同学们组的词就是“徽”字的第三个释义，但第一和第二个释义没有组词。我给了他们启示："既然它表示某个集体的标志，我们试着来组词，一个国家的标志应该是——""国徽！"他们异口同声地回答。"一个党组织的标志可以叫作——""党徽！"其实这些孩子很聪明，只要轻轻一点拨，他们的思维就活跃起来了，纷纷抢答：徽号、徽章、团徽、校徽……随着词语越组越多，这些词语也越来越贴近学校和班级的生活，很快就有人喊了出来："还有班徽！"

至此，他们终于明白，对于一个班级来说，班徽是一个不可或缺的存在，它是一个班级的标志，是班级全体成员的象征，它代表着班级的精神风貌，也蕴含着每一个人对于班级形象的期望。于是确定班徽就成了大家急不可待的一件事情。

二、设计班徽

当我提出设计班徽的想法时，很多同学都犯了难："老师，我们什么都不懂啊！这可怎么设计？"

我微微一笑，在电子屏上呈现出几个图案：中华人民共和国国徽、中国共产党党徽、中国共青团团徽以及我们学校的校徽。我带着他们一一解读这几个图案的含义。国徽中间是五星照耀下的天安门，周围是谷穗和齿轮，象征工人阶级领导的以工农联盟为基础的中华人民共和国；党徽为镰刀和锤头组成的图案，象征工人阶级和农民阶级；团徽为团旗、齿轮、麦穗、初升的太阳及其光芒，象征着共青团在党的思想的照耀下团结奋勇前进；校徽是"S"形舵手、

“D”形帆船、“W”形海浪的组合，SDW 这 3 个字母是“石岛湾中学”校名的拼音首字母，它们组合在一起象征着石岛湾学校的全体学生在知识的海洋里扬帆前进。

随着解读的深入展开，越来越多的同学脸上露出了笑意。我知道，他们的心里已经有了班徽的蓝图。对于班级，他们会有更深层次的理解和需求；作为班级的主要成员，他们最有发言权。于是，我把设计班徽的任务交给每一名班级成员，由他们自己设计班徽，才能赋予班徽更深层、更广泛的含义。

听完我的解读，同学没有太多的讨论，他们或凝神思考，或查阅资料，或低头描绘，眼前的草稿纸上开始出现越来越多的各式各样的符号。

三、集思广益

3 天时间，每一名同学都提供了自己的设计方案，其中很多方案都独具匠心，这里面包含了许多我没有想到过的思想元素。

打开班级的展台，我将同学们的设计稿一一展示出来，边展示边根据文字提示为同学们进行解说。他们一边听，一边随手记下自己认可的设计思路。当全班同学的设计方案全部展示完毕，大家最感兴趣的设计元素也汇总如下：阳光、幼苗、书页、爱心、双手等。

通过班级投票，大家一致决定利用这些集体认可的图案做整合设计。此次设计以小组为单位进行，从图案设计到文字解读，从色彩搭配到赋予的含义，都要严谨地整合在一起，最后由班级投票来优中选精或者重新组合。当重点元素被筛选出来，每个小组都铆足劲头儿展开了竞赛。这个时候，拼的是综合实力，既要有设计理念，又要有绘制水平，当然也需要文字的支撑。最终，第六小组技高一筹，夺取了桂冠，不过白玉微瑕，同学们还是提出了几点小小的建议。我们的班徽在素有“小画家”之称的欣琪笔下生成：从一本打开的书页里长出一棵嫩绿的幼苗，两片嫩叶呈打开的手掌状，托起一颗红心。书页象征知识，幼苗象征每一个孩子，双手代表大家的帮助，红心既代表健康的心灵，又代表大家的爱心。而这一切都笼罩在金色的阳光之下，阳光代表班级。他们还提炼了 4 个词语：求知、关爱、团结、成长。

四、绘出风采

有了班徽的班级就有了灵魂。我们把班徽绘制在每一个重要的地方：走廊的墙报正中，32 开纸大小的班徽是学习委员的作品；教室门上 A4 纸大小的即时贴班徽是子杰的作品；黑板的正上方有一个 A3 纸大小的班徽，那是全体班委成员的杰作；教室里的图书角、评比台、光荣榜等处也都粘贴了图案不大却绘制精美的班徽，那是几个喜欢做手工的同学的作品……在每一个可以展示班级风貌的地方，同学们都认真地安放了一枚班徽。只要目之所及，我们随时都可以看到它，它无时无刻不在提醒大家：求知、关爱、团结、成长。

班徽不仅出现在我们教室里，也和同学们一起参与和见证了各项班级活动和班级成长。文艺汇演，它是我们的旗帜；体育竞技，它是我们的赛徽；朗读比赛，它是我们的号角；书写比赛，它是我们的赛标……即使是在班级的日常生活中，它也无处不在。在每一个同学遇到困难需要帮助的时候，在班级卫生需要维持和打扫的时候，在有人违反了班规的时候，在学习上缺少动力的时候，在同学之间闹了矛盾的时候，在遇到难题拦路想要放弃的时候……总会有同学提到我们的班徽：红红的爱心就是要大家能及时伸出援手，暖暖的金色阳光就是希望班集体里的每个人都心向光明，打开的书本就是要大家都能坚持不懈地努力求知，绿色的幼苗代表向上生长的力量，如双手托举状打开的叶片代表我们要给别人一个温暖的拥抱。我们的班徽代表着团结奋进、勇往直前，怎么可以放弃呢？这枚班徽从开始讨论设计到最终成形并走进班级生活，每个同学都付出了努力，也都寄予了厚望。

其实班徽就是一个标志，是一个美好的愿景。当班徽真正凝聚了每一个班级成员的智慧和力量时，它就会是灵魂一般的存在，无形地给了班集体成长的力量。

（原文发表于《班主任之友》2020 年第 10 期）

引领小团体，回归大家庭

王丽娜

下课铃声一响，学生们便喜欢三人一圈、五人一伙地聚集在一起，或激烈地讨论课堂上的疑难问题，或谈天说地放松休息；而我却注意到，总有几个孩子一下课就凑在一起不知说些什么，个个眉飞色舞，气氛神秘。眼见着他们眼睛放光、神采飞扬，可偏偏只要我稍一走近，他们便立即缄口不言，四散离开。我和颜悦色地表现出很感兴趣的样子询问他们："大家刚刚在讨论什么？"调皮机灵的孩子会戏谑一下："老师，我们什么都没说。"见我不相信，露出狐疑的表情，聪明的孩子立即撒个谎，补上一句："老师，我们在讨论下节课上什么。"我察觉到这些孩子一定有什么事瞒着我，而且已经形成了比较浓重的风气。"冰冻三尺非一日之寒"，这个小团体发展到现在，若不及时干预，必定"后患"无穷。

既然孩子们不愿意开口，那么我再多问也无济于事，于是我开始盘算着如何"打入"这个团体内部。"这还不简单，把那几个孩子叫过来，问一下不就行了？"同一个办公室的老师支着儿，"要是再不承认，就逐个击破，挨个单独审一遍。"虽然同事说的方法能够快速解决问题，但我不敢苟同。一旦孩子们商量好了拧成一股绳，横下一条心来谁都不说，必然会激发师生之间的矛盾，那么到时候，我该如何收场？而且，这样一来，就将这几个孩子死死地捆绑在了一起，并把他们集体推向了老师的对立面。倘若这个小团体离心了班级主流，再受到不良诱惑，那后果将不堪设想。而且，就算逐个击破，有的孩子承认了，真相能够水落石出，但是没有不透风的墙，这个孩子一定会被当成“叛徒”，受到大家的排挤，那他又该如何与其他同学相处下去？我不能这样做，这件事必须慎重。

一、侧面了解，密切关注小团体

学校里，学生能够表现出最真实自己的时光莫过于体育课上。彼时，孩子们心情放松，既能自由活动，又有交流的机会。于是，我和体育老师达成一致：课堂上多给出 5 分钟的自由活动时间，探知孩子们的兴趣点以及这个小团体的全部人员。果然不出我们所料，只用了两节课的时间，我们就发现了这些孩子的兴趣点集中在一款流行的网络游戏上，一起玩的孩子多达 6 人，且人数仍有蔓延的趋势。这 6 个孩子同属于一个卫生小组，平时接触比较多，他们的共同点是特别聪明，但学习习惯不是很好，而且家长的工作比较忙，下班时间都比较晚。于是，一方面，我单独和 6 个孩子的家长沟通，叮嘱家长多关注孩子的晚间学习情况和睡眠时间。另一方面，我和卫生委员协调，让他趁着月末，将班级的卫生责任区进行调整，不要将这 6 个孩子分到一组，并多多发现他们劳动方面的闪光点；我还找到各任课教师，请他们多关注这几个孩子最近的学习情况。当然，为了不“打草惊蛇”，我和他们达成一致，什么也不说，只是不动声色地默默观察就好。就这样，班级、家长共同密切地关注着几个孩子的动向。

二、放大优点，积极引导小团体

“老师，今天陈同学来得很早，我只提醒了一句，他就第一个去打扫卫生了。”“孙同学昨天晚上的作业完成得出奇认真。”听完卫生委员和语文老师的反馈，我心里别提多高兴了。我选择的这两个孩子都是小团体中的核心人物，捕捉到他们的这些优点，我就能将它们无限放大。晚点时分，我对他们进行了隆重的表扬，让这两人同其他受表扬的同学一起站到教室前面接受大家的掌声。随后，我语重心长地说:“一个人做一件好事容易，难的是做一辈子好事。学习也是这样，坚持一天容易，难的是一直坚持下去。希望明天仍然能看到这些同学的进步。”平时没能引起老师过多注意的陈同学、孙同学备受鼓舞，干劲十足。

我们关注什么，便会收获什么。这是罗森塔尔效应给我们的启示，越是给予孩子肯定和鼓励，孩子越是会朝着我们期望的方向发展。持续一周的进步，让两个孩子成了班级里的榜样，也成了他们小团体的骄傲。能为班级多作贡献，不放弃学习哪怕进步一点点，也成了这个小团体共同的价值追求。

三、价值引领，适时纠偏小团体

这周的班会课，我调整了原来的计划，精心策划，对学生的交友问题进行引导。我找到了历史上的名人故事和名人名言，让孩子们知道，真正的朋友不是简单的志趣相投，而应该是能够相互扶持共同成长的，是能够勇敢指出自己的缺点并帮助自己改正的。接着，我让孩子们反思：我们班级中有没有你真正的朋友？我自己是不是这样的一个诤友？最后，班级内进行交流。虽然 6 个孩子都没有站起来分享，但从他们若有所思的眼神中，我看出了他们审慎的自我反思和暗暗的决定。后续，我又有针对性地上了以“我的时间我做主”“谁的青春不迷茫（我和我的游戏朋友）”等为主题的班会课，对班级整体进行引领。后经这 6 个孩子的家长跟踪反馈，我得知孩子们玩游戏的时间明显减少了。慢慢地，这个小团体顺利地回归了班集体的怀抱。

小团体的转变不禁让我想起寓言故事《南风和北风》，北风采用发威的方式，结果行人把大衣裹得紧紧的；而南风却不动声色，徐徐吹动，行人纷纷解开纽扣脱掉大衣，于是南风获得了胜利。“南风法则”启示我们，在处理与偏差小团体的关系时，要特别注意讲究方法，老师关心鼓励的温暖，胜于严厉却不虑后果的武断批评，只有尊重他们，让他们感受到老师和班级的接纳，才能让偏差小团体投入班集体的怀抱。

（原文发表于《威海教育》2021 年第 4 期）

第三章
活动助成长

很多班主任都会视活动为负担，在他们的认知里，教师等同教书，育人也被简化为教书。但一个建设型的班主任却恰恰相反，他们既善于向活动借力育人，又能以一颗体察的心创设活动关照成长。只有当活动真的“活”起来了，学生的生命发展才能更加充盈。

以“放飞式”体验引导学生走上理性消费之路

杨雪梅

教师对校园里的种种奢靡之风忧心不已，却对如何引导学生理性消费、合理支出满腹踌躇，总感觉很多方法难以奏效。细细回想，我们对学生的财富观或者消费方式的教育，常常采用苦口婆心式的说教劝诫，故事加道理式的轮番轰炸，又或者严防死守式的看管控制，看似招招都指向问题，但施教过后又总觉得不痛不痒，对学生消费观的影响微乎其微。

要对症下药，首先得认识两点：一是对学生非理性消费的恰当归因。现在的学生均为“00 后”，他们大多在父母精心搭建的温室中成长，缺乏生产性实践体验，难以体会财富背后的付出与辛苦。在这样的背景下，学生很难形成珍惜金钱的意识，这是校园奢侈消费现象的根本源头。二是控制型教育理念对教育行动的制约。当教育收效甚微时，有些教师首先会想到去加大教育力度，增强纠正频度，却忽视了这种教育失败的根本在于“控制”。这些教师实在是太想控制学生，总希望把他们消费的理性之线牵在自己手里，让学生按设定的轨迹行消费之事，也屡屡在失败中感叹教育的匮乏与无力。改变这一状况的关键在于逆转教育思维——大胆放飞，让学生体验社会生活的不易、财富金钱的难得，以切身的触动与体悟为自己的消费行为纠偏。

一、在真实的体验中品尝生活的滋味

我常常思考：我们的学生是在蜜罐里成长的，可他们真的了解生活吗？知道真正的生活是什么样的吗？他们衣来伸手，饭来张口，想要什么都会被满足，甚至被过度满足，这种生命状态不能称其为生活，而只是富足地活着。真正的生活是一种生命置身其中的体验，是一种以身践行的活动状态，更是一种“放飞式”的自主成长。

在 2018 年年初，我到河南开封求实中学专访了张建平校长。访谈中，张校长介绍了该学校的传统活动：每年，求实中学的学生都会分成多个小组，体验几次在城市独立生活的经历，其中既有在开封小城里的独立谋生尝试，也有在上海、郑州等大都市的独立放飞。在活动开始前，学生们会在学校领到 10 元或者 20 元生活费，然后结伴出行，在城市里独自生活一天。

在这样的生活体验中，学生们即便把钱掰成两半花，也难以满足一天的基本生活需求。于是，他们便用自带的矿泉水瓶接免费的水喝，一家家店铺询问是否需要打杂或干零活儿，只要管饭就可以，还要计算着如何乘车最省钱，如何才能在晚上活动结束的时候顺利返回……张校长的初衷是希望学校培养出来的不仅是“学”生，还是能在社会上独立生存的人。她说，几次活动下来，再也看不见垃圾桶里的大块馒头、水槽中“哗哗”流个不停的自来水了。知道每一分钱都来之不易，寒暑假期间，学生们便有了更丰富的过法：卖菜赚零用钱、收废品为自己买书等。求实中学的“放飞式”生存体验给我们消费教育的启示是：教育学生合理消费，只有立足多样的生活体验，才可能转化为学生自发自觉的理性消费行动。

成长是什么？周国平有一段文字是专门写给年轻人的：“你必须独自承担岁月在你的心灵上和身体上的刻痕。”成长是一种担当，一种历练，更是一种身心与共的投入与体验。在成长的过程中，经历一些风雨，树干才能茁壮；有过一些磕碰，生命才会有痕。我们的教育，无论是文化的传播，还是技能的传授，无论是价值观的引导，还是消费观的培养，都过分关注了“教”的灌输和“育”的呵护，却唯独少了放手让学生自由飞翔的勇气。

放飞生命，让学生自己去体验生活的甜与苦，自己去实践消费的量与度，方能建立正确的消费观念，“量入为出”地安排支出，形成对财富的基本认知。在此基础上，如果能够让学生在劳动中体验到财富创造的艰难，并在创造中获得幸福感和成就感，将会提升学生理性消费的水平和能力。

二、以动手劳作达到触动心灵之功效

如果说“放飞式”的活动尝试是帮助学生树立合理消费观念的枝干，那么动手操作则是这条枝干上必不可少的鲜活芽叶。

有段时间，我总为班上学生的浪费行为而伤脑筋：没用多久的书皮说扔就扔，精美的文具说不要就不要，不合口味的食物眼都不眨一下就扔进垃圾桶。聊天中，谈及这种现象，学生们也是满脸的无所谓："我有很多呀，脏了旧了就扔了！""只要我要，妈妈就会给我买新的。""爸爸妈妈会主动给我买各种玩具和零食。"……种种不在乎的背后都透露着一个信息：一切都来得太容易了。何止学生，成人的世界也有种通病，全然不费功夫得来的东西总是显得廉价甚至一文不值。问题的原点也应该是化解问题的破冰点，要转变学生走入偏差的价值和消费观念，或许我可以从以下几个方面入手：

在思索的过程中，我想起自己小时候的生活：到处搜集有图案的包装纸，用来给自己的课本制作精美的"外衣"；用粗大的鹅毛做成简易的蘸水钢笔；和小伙伴们动手制造玩具。虽然没有富足的物质条件作为支撑，但那样的成长充满乐趣，那些自己动手制作出来的小玩意儿永远是自己心头的至宝。那么，可不可以让学生多一些动手的尝试，在劳动中体会到一切物品的来之不易，进而养成正确的消费观念呢？

带着这样的想法，我在班级中开展了一系列尝试：以动手制作书皮为代表的学习用品系列制作，以亲手制作风铃、卡片为代表的精美礼品系列制作，与家政课相结合的烹饪美食系列制作……在这个过程中，我也欣喜于意外的收获：学生对自己动手制作的东西格外珍惜，也更有成就感。借着这样的机会，我再向他们亮出"正确消费"这把剑时，就很容易让他们有所触动。学生会明白，自己动手做一件简单的物品都那么耗费时间和精力，以前那些说扔就扔的成品更是要经历数不清的工序，从而认识到那种行为是错误的；另外他们也会懂得，并非高价买来的东西就一定是好的，自己劳动得来的更珍贵、更有意义。行少言之教，在动手操作中收获的却是直击心灵的鲜活功效。

我一直觉得，对于学生正确消费观念的培养与教育，我们做了什么、付出了多少都无关紧要，最重要的是我们做对了多少。放开手，让学生多在劳动中体验，然后把这样的体验内融于心，外化于行，这是我们能够做到的，也是行之有效的。归根结底，对学生理性消费的引导需要学校、教师创设条件，给他们以丰富的生活体验，更需要家长以身作则，做好学生成长中那面闪光的镜子。为人师者、为人父母者，如果以爱的名义包办一切，就会让学生失去成长的内在动力和负责任的能力；如果以爱的名义如影随形，就会剥夺学生自主的生命空间，让他们在被关注中喘不过气来。在这种关得过紧、爱得过度的氛围中，又怎么能期待学生价值观正确、消费观正常呢？

要敢于放手，其实所有的放飞都是成全！

（原文发表于《福建教育》2019 年第 8 期）

渔家剪纸，特色活动特色育“心”

李　楠

剪纸是我国非物质文化遗产的一部分，它不仅能美化生活、传承文化，还具有陶冶情操、促进学生个性发展的作用。渔家剪纸文化作为学校教育中美育的一部分，由教师挖掘学校属地特色文化中有利于学生个性发展的教育资源，吸纳其中一些典型的教育元素并融入班级生活，从而更好地促进班级成员成长。

一、关注个性发展，创立社团

班里有一个名叫小颜的女孩，她性格内向，写字做事速度很慢，课堂上从不发言，与同学也没有交流，成了班里的“隐形女孩”。但这位“隐形女孩”在家里并不沉默，帮妈妈卖货时会很大方地与陌生人沟通，主动向人推荐摊位的物品。这种反差极大的性格与她的“慢”有关，“慢”直接导致她作业拖拉，渐渐失去了写作业的动力，最后她索性彻底放弃了写作业。老师和家长长期的批评最终导致小颜在学校以关闭心门的方式来进行自我保护。

通过与她家人交流，我得知她有一个爱好，那就是喜欢安安静静地做手工，而且做得不错。美术老师发现，在剪纸课上，她总是第一个完成老师布置的任务，手举得很高，坐得笔直，等着老师的肯定。那时候，班里正在筹划创立特色文化社团，因为缺乏素材和指导教师，同学们提出的很多建议都被大家否定了。知道小颜的爱好后，我便在班中发起了创立“渔家剪纸社”的倡议，许多爱好剪纸的同学纷纷表示赞同。最终，在班中成立了与学校的“渔耕”特色课程相衔接的“渔家剪纸社”，而剪纸速度快、颇具构图和下刀方面天赋的小颜则成为第一届社长。在越来越多的剪纸锻炼中，小颜不仅成为学校剪纸技艺方面首屈一指的优秀人才，而且变得自信开朗起来。一次韩国研学团来校研学的时候，我联系组织教师安排她给韩国学生做示范，她出色地完成了任务。最终，这位“隐形女孩”在剪纸上找回了丢失的自信，阳光的笑容越来越多地出现在了她的脸上。

二、张扬个性特色，创意设计

小瑞是个叛逆女生。学校要求统一着装，中学生不能化妆和佩戴首饰。于是，个性张扬的她便想着法子让自己与他人不一样，今天戴个棒球帽，明天偷偷在手腕上贴张文身贴，有时候还画个眼线，涂个唇彩，在一群素颜的学生中，她总是那么扎眼。因为她的不守校纪，不知给班上扣了多少分。一次，母亲担忧她的交友情况就说了她几句，她扭头便走，让家人找了一天一夜。这个不守纪律却说不得的女孩让大家都很头疼。我找她谈过很多次，但作用不大。堵不如疏，如果将她对自身美的喜爱转移到创造美的活动上，让她在另一片天地中展示自己，会不会更有效果呢?

恰好她也是社团成员，我便在社团开辟了“创意角”，活动时除了完成规定的渔家剪纸作品外，还可以设计自己喜爱的剪纸形象。小瑞由起初设计项链发展到后来设计服装，在一次次创意设计与展示中，同学们把目光投向了她的作品，让她的展示欲得到了极大的满足。在我的引导下，她逐渐开始涉猎一些与时尚有关的杂志，出现了向艺术设计方向发展的苗头。在不断的学习中，她慢慢懂得了什么样的美才是真正的美。于是，她就有了正确的审美观。

学校毗邻天鹅湖，每年冬天，碧波荡漾的湖中便会飞来无数洁白的天鹅。学期末，剪纸社中有同学提议举办一次天鹅创意剪纸活动作为半年活动的压轴秀，倡议一经提出，就得到了大家的一致响应。参与者需发挥创造力做创意剪纸，除了依循常态的天鹅形象，还可以给天鹅赋予不同的形象意义，而且最佳创意形象将会被选为“渔家剪纸社”的标志，永久保留在班级日志中。班中大部分同学参与了活动，他们有的以字母形象为基础，设计了一套英文字母天鹅图；有的借鉴植物形象，设计了植物形象天鹅系列；小瑞一改传统的单色剪纸，创造性地设计了多色剪纸，将天鹅的形象用红、黄、蓝、绿、黑五环的五色展现出来，飘逸中蕴含着灵动。最终，她的作品被选为班级剪纸社团的标志，这让她得到了极大的鼓舞。

三、传递爱心理念，剪纸义卖

物质生活越来越富裕，班里的“冷漠少年”却越来越多。他们眼中只有自己，没有他人，不善合作，认为别人所给予的一切是理所应当的。班级卫生大扫除，需要分工合作的室外落叶区，几名同学“各自为政”，从不合作。小意的爸爸得了肝硬化，没文化的他只能在养殖场做力气活儿，工作很不容易。小意却漠然视之，很少关心爸爸的身体状况，只想着自己怎样能玩得开心。班里有名特殊的同学，小时候的一场大病导致他颅内积液，动过多次手术，脑组织受到了损伤。他无法像其他同学那样快乐地奔跑，说话也含糊不清。几年前，这个孩子的父亲因病去世，家中境况窘迫异常。这是个令人同情的孩子，但班里许多同学对这种情况漠然视之，很少有同学想过要为他做点什么。

班中的剪纸作品越来越多，也越来越专业，这么多的作品怎样利用才能让它的价值实现最大化呢？针对班中的情况，我发起了“天鹅之恋”爱心联盟义卖活动，要将“渔家剪纸社”作品义卖的钱捐给班中需要帮助的同学。当学生们将作品装裱完毕，带着它们走向人流涌动的沙滩时，很多孩子却失去了叫卖的勇气。在我的带动和示范下，大家才开始变得大方起来。他们分工合作，有的同学认真布置展品，贴上价格标签；有的整理好义卖点的物品，打出宣传的标语；有的积极叫卖，详细地讲解，极力推销自己的产品，义卖的叫喊声此起彼伏。不同寻常的义卖品、充满热情的笑脸、规范有序的活动现场，使每个参与活动的同学都在这愉悦的气氛中感受到了什么是沟通、合作和感恩。当大家将义卖款送到需要帮助的同学手中时，每个同学脸上的笑容都是那么温暖。

渔家剪纸活动中孕育出的温暖情感不断流向每个学生的心田，个性独特的隐形学生、叛逆学生及冷漠少年都可以从活动的良好文化环境中汲取成长的力量，真正达到以特色活动来特色育“心”的效果。

（原文发表于《班主任之友》2020 年第 20 期）

从“博物”到“博悟”

——牵好那条跨越时空的成长之线

冯　妮　杨雪梅

博物馆以其丰富的馆藏资源、相对集中的展出模式以及真实的原貌再现，将一段关乎文明发展的历程娓娓道来。这样的场所既承载着历史的厚重，又记录了时代的变迁；既聚焦重要的历史发展节点，又串联起漫长的时空主线。可以说，于教育而言，博物馆就是一本鲜活而立体的教科书。

而近年来，上至教育顶层设计，下到具体班级，都意识到“多知少行”的模式不足以支撑学生的健康成长，于是，研学旅行、社会体验、志愿服务等以“行”为主题的活动便层出不穷。作为人类文明珍藏的宝库，博物馆自然成了学校育人的重要基地。但走近历史并不等同拥有丰厚的触动与收获，走进博物馆也并不意味着就拥有了开阔的博“悟”之效，在走马看花式的“观”与信步而行的“游”中，那些散乱的见闻碎片很难串起系统的知识珠链，那些无目的无头绪的收获也会很快沦为记忆里的浮光掠影。

故而，无论是站在学校教育层面，还是班级管理立场，班主任都是最重要的“穿针引线”人。要想借助博物馆丰富的资源优势给予学生以心灵上的补养、德行上的启迪，架起一座优质的成长桥梁，班主任就得做一个高明的“布道者”，既看得清那些丰富藏品身上的时代亮点，也摸得到学生成长心灵中的敏锐突触点，更瞅得准物与人之间建立关系的显性连接点，以“三点一线”式的通联，触“物”生“悟”，铺就一条顺畅无碍的成长之路。

一、不打无准备之仗——让参观有“重点”

在组织观摩游览博物馆的行程时，不少班主任往往抓错了点。出发前，他们会对时间、地点、纪律做事无巨细的交代；行程中，他们会再三强调规则与注意事项；观游中，他们的目光又紧紧盯在学生身上，生怕一不小心便有什么差池。这样的一种“观”，班主任可谓是做足了功课，盯防严备，但我认为它是一场没有准备的参观——哪里人多就去哪里看，看来看去，学生也不知道收获了什么。

这是一座什么样的博物馆？是历史的、科学的、艺术的，还是综合的？走进博物馆，我们应该了解什么？重点看什么？是珍稀的出土文物、智慧的成果发明，还是大师名家的真迹、历史事件的节录……这些简单的提点虽然只是一段小前奏，却向学生传达了一条重要信息：要观什么，得怎么观。

以我近期带学生参观的荣成市博物馆为例，观游路线和时长由学校统一设定，但在活动开始之前，我与学生一起查询了大量资料并以此为据制订了详细周密的参观计划。这座占地 56 100 平方米的综合性博物馆有大小展厅 30 多个，如果没有参观重点，那么 3 个小时的时间将大多消耗在匆忙地赶行程中——让学生确定自己感兴趣的“观”点很重要。带着这样的任务，学生对搜集到的资料做了进一步梳理：博物馆内分为世纪荣成馆、秦汉文史馆、民俗馆、郭永怀事迹陈列馆、名家书画作品馆等 7 个大型展区。几经商议，大家决定这次参观只去秦汉文史馆、民俗馆和郭永怀事迹陈列馆。

即便参观范围缩小了很多，但是要想让这次活动有所收获，还需要班主任下点儿“重料”：第一，秦汉文史馆展示了秦始皇、汉武帝东巡至成山头祭日的史实及留下的历史遗迹，这份重要的史实记载来自哪里，你能在这份远古文明与当代荣成渔乡风情间找到怎样的联系？第二，对民俗馆内你见过或者想了解的物件、生活场景作详细调查，回来后，我们举办个小型的民俗知识分享会，一起做幸福生活发展的见证人。第三，作为我国近代力学事业的重要奠基人，郭永怀先生有哪些事迹最打动你，从中你又有什么样的触动与收获……这样明确要求的“观”有看点亦有重点，无须费力就能让学生在专注与投入中拥有良好的观摩秩序，收获到心灵需要的营养，让思想得以触动和升华。当然，要实现这种有重点的“观”，就需要班主任做一名富有前瞻性的引领者：自己先要看得远，理得清，知道得沿着一条什么样的线去引领学生，才能于纷繁中聚焦，才能于庞杂中提炼。

二、不做无目的的赏游——让藏品有“亮点”

在博物馆内，如果学生只是看到一件静态物品，知道它的色泽、质地、用途，那么这样的参观依然是平面的、死板的，难以在心头留下印记。有价值的观摩应该是这样的：所见未必很多很全，毕竟谁都不可能在短暂的时间内把众多信息统统装入脑海中，但那些有限的见闻一定是富有价值的，如同夜空中那几颗最亮的星星，能让蒙昧的心头闪烁着莹莹的光亮。具体而言，如何让场馆内那些久经时光、静默多年的藏品富有亮度，将深藏的育人内涵外显出来？班主任需要做一名巧妙的激活者，赋予那些藏品以灵性和生命，必要的时候还得让藏品“有话可说”。

在民俗馆的参观中，一辆木制的独轮小车吸引了学生的目光。“这是什么，长得好奇怪呀？”这些“00后”城市学生早已远离乡村劳作，对几十年前的生产用具显然是陌生的。如果我只是简单回应“这是小推车”或“以前农村要经常用到的运输工具”，这样的解释并不具有什么入心的教育意义。“这是以前运东西的小车呀，我小的时候在这种小车上可栽过不少跟头呢！”我连忙接过话来。学生一听，这个造型奇特的家伙居然还和我的童年有着密切关联，自然兴趣倍增，都围上前来央求着我讲“老师与小车的故事”。

“我小时候要是想坐小车，爷爷就一定会让我和弟弟一边一个坐着，知道为什么吗？”“老师不敢自己坐吧？”“不，是不是一个人坐上小车就更不容易保持平衡？”学生叽叽喳喳地争论着，有的学生领悟到，一个轮子的车要推起来，最大的难题是保持平衡，那个时代，要用这样的车来运输所有的生活用品，该有多么不易呀；有的学生意识到，和我同龄的父母甚至自己的祖父母那一辈人，身上肯定会有更多关于那个时代的回忆和印记。回家在茶余饭后的交流中，三代人之间也就有了更多的谈资。这种于共鸣中的交融，于时空逆转中的解悟，能让学生深刻体会到时代的发展与变迁，懂得现在的美好生活更需要用心去珍惜。

我常常想，如果那一次我没有及时地回应，而是任由学生去想象、猜测，那么那辆破旧的独轮木车对于他们来说，就只是一个奇特的造型，一个没有生命力的过眼云烟。无论是观，还是游，班主任都需要用敏锐的洞察力捕捉学生的兴趣点，然后在兴趣的助推下，让每件事物在他们的生命中鲜活起来，灵动起来，成为点亮他们心灵的一抹微光。

三、不收无回顾之尾——让交流有“热点”

见识过太多这样的参观游历：随着走出博物馆的大门、安全返回学校，活动便戛然而止。学生的所经所历，除了一场兴奋与片刻自由，再无其他。其实，博物馆教育是学校教育的重要补充。如果说，在学校习得的知识需要时时回顾，那么这样的观摩旅行绝不应该“有头无尾”。每次参观后，我都会结合所见所闻为学生安排一场别开生面的“热点”交流活动。

在荣成市博物馆参观结束后的回程中，因为了解到秦皇汉武居然都曾东游到荣成“观海祭日”，学生感到格外兴奋。于是，我便让他们就“祭日”这一话题展开讨论。有的学生认为，古人对于自然有着发乎内心的崇尚和敬畏，值得我们学习；也有的学生认为，他们用祈祷祭拜的方式寻求外力的庇佑，是迷信的表现；有的学生觉得，这样的举动和荣成渔民在谷雨时分敬海有着相通之处；也有的学生觉得，他们祭拜的是“天尽头”的鬼斧神工……在不同观点的交流与碰撞中，一段久远的历史正穿越时光逶迤而来，这是多少文字的描摹与口舌的解说都无法触及的感悟。

也有人不无担忧地问：参观博物馆是一次规模不小的集体行动，难道你不用为学生管理、秩序维持而伤脑筋吗？我想，一个智慧的班主任，当他让学生的每次活动都有可期待的看点，让学生的每次驻足都有俘获心灵的亮点，让成长路上的每段经历都洋溢着满满期待的热点，学生的一言一行、一动一举都牵系在这三点连成的线上，又何忧之有呢？要想牵好这条触动心灵的成长之线，我们需要站在实处，从历史到当下，从“博物”到“博悟”，永远朝向学生成长的那方。

（原文发表于《福建教育》2019 年第 21 期）

一座会活动的“小公民”成长营

杨雪梅

面对班上那十几个身心发育迟滞、表情亦是茫然无措的孩子，我时常会陷入某种沉思：按部就班地用不同的学科课程把孩子安放在教室里，10余年下来，他们真的能得到康复，从而回归社会吗？煞费心力地往缺陷的头脑中填塞着五花八门的知识，微薄吸收后，又能对孩子们的人生有多少助益和影响呢？

当审视当下、朝向未来后，我开始清醒地意识到：认识10个字和认识100个字，对这群孩子未来生活的影响并不会有太大差别，会算10以内还是100以内的加减法也并不能决定走上社会后他们生存状况的好坏。坐在教室里，构建的课程无论多么丰富，都无法有效和社会勾连；置身校园中，这群特殊孩子的接触除了老师就是同类，将来离开校园后，依然还是会无所适从。

我不希望自己花费10多年心血所培养出来的学生，临到毕业那一天会再次变成家庭和家长的累赘——担心无人看管无处安放；我也不希望经特殊学校康复教育后的这些学生，回归社会后依然是一种另类的群体——不懂社会规则和生存之道。因此，把每个学生当成急需引领的社会小公民来看待，用我这个班主任有限的能力资源去改善孩子的生活适应能力，就成了我在班级中最为艰难的尝试。

一、用“走出去”铺筑与社会相通连的桥路

闭塞的成长环境中培育不出合格的社会公民，这是一个众所皆知的道理。可当我提出要让孩子们“走出教室去，与社会生活相通连”时，听到的却是铺天盖地的质疑声。毕竟在“安全守护成长”的名义下，学校是断不会冒着风险把孩子撒手放出校园的。

既然没有大范围的活动自由，那么我总可以营造出小天地里的成长空间吧。

首先，我把行走范围锁定在了校园内。第一次尝试，我是带着孩子们在学校的食堂里蹲点的，看师傅们忙些什么、怎么样去做，也找些安全的、学生能干的活，诸如择菜、洗水果、摆餐盘、分食物等，让学生参与其中。在这样的体验中，孩子们直接目睹的是食材从生到熟的加工过程，近距离接触的是工作人员严谨有序的忙碌态度，更得到了他们耳提面命的一手指导。当就餐时吃到自己参与制作的美味，孩子们的得意自豪之情无可掩藏，也越发懂得食物的珍贵。这样的实践收获要比坐在课堂里一遍遍叮嘱、一次次模拟来得更生动，所起到的教育价值也更为全面。尝到了走出教室的甜头后，我又把孩子们的体验基地搬到了学校大门口的值班室，在与保安人员的互动中，学习礼貌地为来客登记、为出入车辆开关门等。

其次，我寻找不同时机把活动的天地移到了校园外。借着住校生用品补给的机会，我带着几个孩子舍弃了校园门口的小超市，专程乘坐公交车去了另一家大型综合商场，以此来培养孩子们乘车、购物的能力；学校大门前的绿化带，环卫工人们正忙着清理杂物，为花木浇水，让孩子们在这样的接触和交流中辨识植物，辨别杂草，为环境美化助力。诸如此类的机会总会被我牢牢抓住，几年下来，很多人能感受到我的班级中孩子们整体的自理自律能力明显强于其他班。

这些“走出去”的连接和体验其实没有多么高端，都是源于生活，适于行动，却又往往被学校、家庭忽略的一部分，但这一部分对于特殊的生命群体而言，却无比重要。

二、用“请进来”修复与社会断了弦的连接

既然“走出去”的机遇是那么难求，何不换个方向，把外面的资源搬进校园来呢？

“你说要尝试把不同的人请进教室来，这是什么意思？”我大胆的设想让领导吃了一惊，“咱们的学生连和人正确打招呼都不会，还时不时冒出些不合时宜的问题，这恐怕不合适吧！”“正因为孩子有不善与人交流的短板，有与社会生活脱节的成长弊端，才需要重新连接。”在我的坚持下，领导只好勉强同意，由着我去折腾。

想法很简单，但真正实施起来却困难重重，毕竟我只是一个在特殊教育学校待了近 20 年的老师，除了同事外，还真不认识几个社会人，好在我比较会借力。

我会向家长借力。比如朋的妈妈是一位糕点师，于是我就带着孩子们出去采购了材料，从家里搬来了烤箱，先邀请她为孩子们分享自己的工作日常，激起学生的兴趣，再于教室内进行一番烘焙动手体验。

用活动促进交流、滋养能力是我的目标。通过这样的方式，我请来了会手工编织的妈妈、会面塑的奶奶、会变废为宝的爸爸，于一方固定的教室里营造流动的成长体验。

我还比较会“薅”学校的“羊毛”。借医院入校为学生查体之际，我恳请医生和护士在工作结束后到我的班级中来，和孩子们分享身体康健和护理之道；借消防宣传进校园之际，我邀请消防员陪孩子们一起转转校园，在看似随性的行走中，把何时何地可能出现什么样的消防问题、要如何解决等知识传递到学生的脑海中；即便是上级领导来参观检查之际，我也会鼓励孩子们主动前去打招呼，甚至做些简单的交流。在不同的结识和交际中，学生既开阔了眼界、增长了知识，又锻炼了沟通能力。

三、用“放开手”成就自主自立的社会小公民

只要细心审视，就不难发现，现在孩子成长中最大的问题就是

老师不敢放手，家长不懂放手。于是，教育之怪现状便一次次地在生活中上演——一群不肯放手的人抱怨着孩子不够独立，不能自立。这种状况在特殊学校里更为明显。

为了改变特殊学生成长中这种被动的局面，我做了以下两个方面的尝试：

一是用具体的指导改变家长的观念和行动。在孩子成长这件事上，班主任都把大小道理讲了一箩筐，但往往收效甚微，究其原因，还是家长只关注到了“理”，却不知道具体该如何“行”。于是，每次放假回家时，我都会做一些详细的指导：“记得让咱孩子自己买车票哦！”“这周学习了洗衣服，学生的衣服请让他们自己洗。”这样把成长任务具体化，家长就不至于无从下手，而且在坚持中也更加能体验到孩子蜕变的惊奇与感动，坚定“放手”的信心和决心。

二是以多样的活动促进家长的助力与放手。每个学期，我都会至少组织两次亲子社会体验活动，于活动中让家长学习如何正确地指导孩子的行为，如何在该放手之时毫不犹豫。比如在海边游玩活动中，家长们就在我的鼓励下，放手让孩子自己去准备出游需要带的食物、工具等，只是在有所遗漏时给孩子提个醒，如“玩累了要去哪儿休息”“吃零食造成的垃圾怎么处理”“这次亲子活动需不需要再准备什么”等。于这样的亲子体验中，孩子感受到的不是被控制、被要求，而是主动参与、愉快合作。

每每回顾起与我这个班主任共同度过的时光时，孩子们都说自己是在活动中成长起来并顺利走上社会的，家长们更是动情地把班级比喻成小公民的“快乐成长营”。那些年，我的班级因为我倾心营造的氛围而灵动了成长，鲜活了成长。最终，每个孩子都成功地立足于社会这个更大的团体当中。

（原文发表于《班主任之友》2020 年第 22 期）

依托乡土文化，办好乡土教育

卢桂芳

通过一首《乡愁》，现代诗人余光中让乡愁走进了中国人的文学里，融入了中国人的艺术里，流淌在每一个中国人的血液里。乡愁也成为中国人特有的情结。在诗人生活的年代，他的乡愁是对亲人的深切思念和怀想，是对祖国和平统一的殷切希望和期盼。

如今，经济的发展彻底改变了中国人的生活，从愁苦到幸福，从贫穷到富裕，乡愁又有了新的含义。我的家乡地处山东沿海地区，是威海境内一个美丽的滨海小城——荣成。改革开放以来，家乡的经济得到了迅猛发展，很快跻身中国百强县的行列。在领略了家乡经济发展、社会进步和文化繁荣的同时，我也看到经济发展带来的负面效应：城市化的进程在改变落后旧貌的同时，也消灭了部分历史的痕迹；旧村改造实现了破茧成蝶，却也加速了自然村落的消亡；工业化进程促进了经济的发展，传统手工艺却因缺乏竞争力而不得不淡出人们的生活；海洋捕捞和海产品加工业的发展在带来巨大经济效益的同时，也给海洋带来污染，海洋生物的种类和数量日益减少，空气质量变得越来越差；快餐文化的冲击让传统思想观念日薄西山，连最富有当地特色的民风民俗也渐行渐远……是全盘推翻地发展，还是有继承地发扬？在新与旧、快与慢、革除与传承之间，有人坚守，有人彷徨，也有人选择了摒弃。我在20世纪70年代原生态的胶东农村长大，传统的文化和文明流淌在血液里，也在生命里刻下了深深的烙印。然而经济的快速发展让我无力地看着它们一点一点消逝，急功近利的人们把目光越来越多地投向远方，越过浩瀚的太平洋，投向大洋的彼岸，即使懵懂的孩童，也具备了与其年龄不符的“国际视野”。发展从来都没有错，但步子迈得这么大，迈得这么快，是否会在匆忙中遗失了什么？蓦然回首，我们还能不能找到来时的路？据说印第安人有个习惯，那就是每逢外出旅行，走三天就要停下来休息一天，原因是身体走得太快，灵魂跟不上，所以要等等它。遗憾的是，我们没有这个习惯。当全社会都在夜以继日地赶路时，我们还可以通过教育唤回我们的灵魂。

然而，教育的形势并不乐观。我发现，几乎所有的孩子都不知道自己家族的来历，他们年年都去外地旅游或研学，却对自己的家乡一无所知。在叹惋的同时，我们并不能责怪孩子们的茫然，家庭、学校和社会如果不能给予他们正确的导向，不能向他们传授乡土知识，让他们拥有乡土文化的体验，又怎么能够期待他们形成乡土意识和乡土情怀？如果没有对乡土的热爱，又怎么能指责他们长大之后远离家乡？作为传承乡土文化的最后阵地，教育的功能不只是知识的传授，还应该是觉悟的唤醒；不只是技能的提升，还应该是责任的赋予。唯有觉醒，才能担当；唯有担当，才能内化为责任、外化为行动。所以，依托乡土文化、办好乡土教育，既迫在眉睫，又不能一蹴而就。

何谓乡土？乡土是指一个人出生或长期居住和生活的地方，是个人发生强烈情感共鸣与认同的地方，它涵盖所有的自然与社会人文背景和历史文化，是对个人具有高度生活意义及使命感的地方。每一个中国人都对乡土有着强烈的感情，常言说“故土难离”，历史上每一次人口大迁移无不充斥着悲伤与悲情，即使面临旧居改造，也有许多人不想离开多年相守的老屋，这无不说明乡土对于每一个中国人的重要意义。正如费孝通先生在《乡土中国》中所说的那样：“从基层上看去，中国社会是乡土性的。”一方水土养育一方人，正是千百年来在同一片土地上长期劳作的劳动人民创造了具有地方特色的乡土文化，它是一个特定地域内长期积淀的物质文明、精神文明及生态文明的总和，包含自然景物、历史发展、民俗风情、传统技艺、古建遗存、家族族谱、名人传记、古树名木等诸多方面的内容。如此，利用乡土资源对学生进行乡土教育，可在一定程度上帮助学生对家乡产生强烈的情感和心理认同，并通过乡土文化的体验丰富其生活，塑造其人格，唤醒其情怀。

一、自然景观激发学生对乡土的热爱

大多数人习惯去寻找远方的风景和心中的梦。其实，更多时候，风景就在故土。我的家乡处于北纬 37°，是中国大陆探入海洋最深的部分，与朝鲜半岛、日本群岛隔海相望，千里海岸遍布景观：“中国最美八大海岸”之一的成山头、世界最大的黄嘴白鹭繁殖地——海驴岛、世界上已知最大的天鹅越冬种群栖息地——天鹅湖、五亿年前寒武纪火山喷发形成的凝灰岩——花斑彩石、见证中韩日三国友好往来的赤山法华院、素有“大东圣境”之称的全真教发祥地——九顶铁槎山……我们的孩子在急于欣赏远方的风景时，却忘了自己的家乡也吸引着他乡人的目光。当我把与家乡相关的文字、图片、视频等资料展示给孩子们时，他们惊呼：原来我们的家乡风景如画！原来我们期望的风景就近在眼前！与其去远方盲目地寻找，不如追求眼前的认同。从了解家乡的山山水水开始，唤醒学生们对家乡的视觉认同。

二、了解乡土历史，获得思想认同

孩子们都知道中华民族具有五千年的灿烂文明，却不知道荣成的悠久历史，早在新石器时代就有人类聚居于此，西汉始置不夜县，隶属于东莱郡。据史书记载，秦始皇曾先后两次来荣成筑桥立祠、观海祀日，汉武帝也曾前来拜日主。唐代苏定方率兵十万自荣成成山渡海平定百济；明太祖创立卫所制度，荣成军民一起抗击倭寇；境内石岛因特殊的地理位置而被孙中山先生写进《救国方略》；在抗日战争和抗美援朝战争中，依托特殊的地理位置，荣成人民为取得战争的胜利做出了卓越的贡献。只是荣成地理位置偏远，疆域隶属变动较大，相关记录较少，与中华民族整部灿烂的文明史相比，显得没那么璀璨耀眼。随着我的娓娓道来，孩子们不由得慨叹：原来自己的家乡有这么丰富的历史故事！由此可见，循着历史的光芒，祖先的足迹也踏遍了中华五千年的文明，强烈的自豪感便油然而生。

三、体验民风民俗，增强传承意识

因地处边陲，荣成的民风民俗曾一度兴盛不衰：正月十五的属相豆面灯、二月二龙抬头戴“娘娘”、五月五端午节戴“五子”（由五色彩线制成）、七月七烙巧花等，这些风俗无一不和本地的生产生活有着千丝万缕的联系。以石岛大鼓为灵魂的渔家文化警示后世感恩赐予、敬畏生命；象征各种寓意的大花饽饽是荣成特有的面食文化；荣登中国传统民居榜的海草房能历经百年而不腐，冬暖夏凉，是一道亮丽的风景；还有与海洋文化紧密结合的剪纸工艺、饮食文化，以及在书画、奇石、收藏等方面都有很深造诣的百年渔村、画村、花村……我们组织学生对学校周边的渔家文化开展研学活动，通过与渔民的亲密接触，深入了解渔业生产的相关知识和由此衍生的渔家文化，孩子们由好奇到热衷、由走马观花到亲身体验、由尊崇到敬畏，他们切身体验到了什么是文化，原来文化并不是书本上的文字，而是生活中的经历与传承，从而在无形之中萌生出传承渔家文化的念头。是啊！文化如果不传承就会出现断层，随着科学技术的进步，虽然渔业生产已经实现了技术革新，但敬畏生命、与自然和谐相处的理念没有变，在大风大浪的困难面前不服输的精神不能丢，凝聚着数千年劳动人民智慧的手艺更不能失传。从一定意义上说，文化就是传承。

三、学英雄、敬英雄活动增强使命感和责任感

号称“将军县”的荣成人杰地灵，先后出了 140 多位将军，其中上将 3 名，中将 9 名，少将 31 名；从荣成这片热土上走出了无产阶级革命家谷牧和“两弹一星”功勋人员郭永怀，也走出了胶济铁路阻击战中以 125 发子弹毙伤敌人 110 人的射击英雄魏来国，抗美援朝战争中击落美国王牌飞行员戴维斯的战机、打破了“美国空军不可战胜”这一神话的中国人民志愿军一级战斗英雄张积慧……我们一直崇尚英雄，我们的家乡就英雄辈出！

为了增强学生的使命感和责任感，我们开启了红色研学之旅，参观将军碑廊，聆听战争年代将军们可歌可泣的英雄事迹；参观谷牧同志纪念馆，了解老一辈革命家对国家建设做出的贡献；参观郭永怀纪念馆，感受永怀精神，增强爱党爱国情怀。我们的时代从来都不缺少英雄，在新的时代，英雄的精神也将伴我们一路前行。

如此丰富多彩的乡土文化为我们开展乡土教育提供了宝贵的资料和资源。《周礼》有言，“以俗教安，则民不偷”。这说明乡土民俗的生活常识有实现教育教化的功能。可是近年来，随着社会经济的发展和国际文化的融合，乡土气息日渐式微，不是乡土文化被优胜

劣汰，而是它需要长时间的沉淀才能显示出对社会发展的影响和促进作用。遗憾的是，在追逐经济利益的发展过程中，我们忽略了继承与发展，抛弃了乡愁中的灵魂——乡土文化。回首过去，多少文化只残存在记忆里、文字里、照片中和一代又一代人的讲述中。

当下，激烈的竞争意识已经被根植到儿童的思想里，太多的学校和家长只着眼于学生的文化成绩和特长发展，往往忽略了乡土文化对孩子们的浸染与熏陶。急功近利的教育会让孩子们整体逃离乡土，奔赴远方，即使是留在家乡的孩子，也会形成认知上的陌生感和情感与心理上的疏离感。长此以往，就会造成某个地区民间传统和乡土文化的缺失。回不去的永远都是乡愁，由此看来，乡土教育举足轻重，是因为它能使学生获得一种感同身受的理解，能近距离甚至零距离地感受、认同自己的家乡，并从浓厚的乡土气息中不断得到前进的动力。我们的孩子不可能都奔向远方，他们中总有一部分要留在家乡，成为家乡的建设者和创造者，传承乡土文化和文明的责任就落在他们的肩上，从小对他们进行乡土文化的熏陶，文化传承就不会断层。即使有一部分孩子要离开家乡，他们的血液里也带着乡土文化与文明的烙印。乡土文化是不断赋予我们力量的大地，只要扎根大地，我们就能拥有力量的源泉。依托乡土文化，办好乡土教育，这也是教育的另一种坚守。

（原文发表于《今日教育》2020 年第 2 期）

综合实践活动课程中的德育意义

——以“走进花乡”综合实践活动为例

孔晓婷

感受，源于实践；改变，源于体验。从第一次接触综合实践课程开始，我就深深地被它的实践性和体验性吸引，从而对这门课程充满了期待。播下希望，我们就能收获惊喜。多年来，我始终坚守在综合实践活动课程这片阵地上，与我的学生一起研究，一起分享，共同感受，共同成长，在“走进花乡”等综合实践活动中经历了一些难忘时刻，见证了综合实践活动在学校德育工作中的巨大魅力。

一、当掌声响起来

我校坐落于美丽的海滨小城石岛，学校里不少学生来自赤山脚下一个远近闻名的小村庄——西车村，它是方圆十里有名的花村。多年来，我曾先后带领不同的学生走进花村，开展探究活动。

有这样一节课，至今让我印象深刻。那时我们“走进花乡”课题小组刚刚组建，我让学生自己组建小组，以小组为单位制定活动方案，并在小组间进行交流展示。等到学生汇报时，让我惊讶的一幕发生了。一名沉默寡言、同学们心目中的学困生竟然第一个站起来，自信满满地向大家汇报。虽然他的讲述不够完美，但我还是给予了他充分的肯定：“同学们，大家知道吗？他们这个 4 人小组是后来才组建的，虽然准备时间很短，但是从他们设计的方案中，老师能够看出他们都很认真，并且活动计划制订得十分合理。”话音刚落，全班同学掌声四起。我的心头忽然一热，既被他勇敢挑战自我的精神打动，也被同学们热烈的掌声感动。总之，至今我还记得，在掌声中，他把头扬得高高的，表现出了从未有过的自信。

在这之前，我从来不敢想象，一次小小的展示交流会给孩子带来这么大的影响。为什么他能够第一个站起来汇报？回想起来，在制定方案的过程中，他曾被小组的同学怂恿，拿来他们小组设计好的表格让我评价。当时的他看起来是那么拘谨。为了不打击他的积极性，我给他提出了修改的意见，并鼓励他：“第一次做成这样很不错了。”没想到，就是这样一句鼓励的话语，给了他莫大的勇气。后来，据其他学科老师反映，他在班级中的人缘越来越好了，学习劲头比以前更足了，成绩也得到了提升。综合实践活动给了他一个展示自我的平台，让他同样拥有了“我也能做好”“我也能获得老师肯定”的自信。

二、体验，让教育无痕

第一次见到赵薇同学，曾问她为什么有个明星名，当时她就自信地回答：“我出生时她还没出名呢！”当时我就想，这是一个多么有个性的孩子啊。后来，我慢慢地了解了她的家庭背景：父母离异的家庭环境使她养成了坚强的个性，与父母沟通的缺乏也让她比较任性。而且，她还经常和母亲闹别扭。班主任也曾多次找她谈心，但效果均不明显，直到她参加了我们“走进花乡”的综合实践活动。

在“我是小花匠”体验活动中，赵薇和其他学生一样，播下了自己希望的种子。她每天观察着种子的变化，焦急地等待着种子的萌发，写下了一本厚厚的观察报告。因为表现突出，她的报告被学校评为优秀观察报告。

在成果交流会上，她分享了她的研究成果：“到了第九天，那层薄膜终于裂开了一道小口，长出了两片叶子，它是那么小，仿佛只要一哈气，它就会融化掉。我小心地呵护着它，就连浇水也小心翼翼。这让我想起了妈妈常说的一句话，‘真是含在嘴里怕化了，捧在手里怕摔了’。原来妈妈一个人照顾我是这么不容易。想到这里，我心里特别不是滋味。我想跟妈妈说一声：对不起。以后我一定要多关心、多体谅她。”从她的言语中，我们感受到了她内心的成长，也感受到了综合实践活动强大的育人魅力。

没有浸润心灵的说教都是苍白的，只有真实的体验才是最有效的教育。综合实践活动就是这样一门课程，它让教师走下讲台，让学生自己去实践和感受，而通过亲身体验，学生学会了换位思考，实现了心灵的蜕变。我至今记得赵妈妈读女儿的观察日记时流露出来的幸福和感动，这更让我坚信自己从事综合实践活动的初衷：综合实践活动就是要让学生通过自己的亲身体验，去主动探究现象、感悟道理、概括结论，从而在潜移默化中达到教书育人的最终目的。

三、另起一行，成就精彩人生

假期和家人外出就餐，我遇到了一个帅气的男士。他盯着我们看了很久，然后走了过来，问："老师，还记得我吗？我是黄文镇。"黄文镇这个名字我怎么不记得！我一下子想起了当年第一次带领学生"走进花乡"时的情景。

当时，他刚升入初一不久，就已经在学校内"小有名气"——学习不努力，门门考试不及格。更过分的是，为了引起大家的注意，他竟然染起了黄头发，打了耳洞，戴上了明晃晃的耳钉……那一年，学校恰好开设了综合实践活动课程。实践活动的开展好像让他一下子"活"了起来。随着实践活动越来越多，他用自己的热情和大方打动了大家，同学们有什么问题都喜欢跟他讨论。课堂上，他开始举手回答问题了；课后，他也开始完成作业了。记得有一次成果展示活动，当时，我们在全校展出了我们主题研究过程中 50 张最优秀的摄影作品，其中他的作品就有 3 张。我就当众表扬了他，同学们也纷纷对他投来了钦佩的目光。后来，他在日记中写道："今天，我真高兴，我也得到了老师的表扬，同学们看我的眼神好像也不一样了。我知道，我不是一个好学生，以前的我经常不完成作业，上课不认真听讲，老师、同学都不喜欢我。我曾经以为，我就是这样一个一无是处的人，可是爸爸妈妈你们知道吗？我的摄影作品获奖了，老师表扬了我，更不可思议的是，在学校展出的50张照片中，有3张是我的呢！到现在想起来老师的表扬和同学的掌声，我心里还是美美的。现在我终于明白了一个道理，那就是你如果认真地去做一件事，就一定可以把它做得很好。”

这次意外的邂逅，让我一时没办法把这名阳光自信的男士和当初那个染着黄头发、戴着耳钉的叛逆小子联系在一起。转眼10年过去了，当初第一批和我一起走进综合实践活动的学生，很多已经踏上了自己的工作岗位。综合实践活动课程在科学精神、创新精神、价值观念、意志品质等方面给学生带来的深远影响，正从他们的身上逐步显现。在综合实践活动课程中，每一个活动主题，我都与学生一起探索实践——确立课题、制定方案、合作探究、交流展示。一本本成长档案里记录着他们活动中的点点滴滴，记录着他们沉甸甸的收获，更记录着他们内心成长的历程。虽然有些学生的成长要让我们等待很久，但在活动中帮助学生们种下的自信的种子已经在他们的心中生根发芽，并会一直陪着他们走向更远、更美好的未来！

在每个主题活动的开展中，这样令我感动的小故事天天都在上演。尽管由于条件有限，很多时候，我们的活动开展起来会遇到各种各样的困难，但每次，我都与学生齐心协力解决难题，真正地让学生的学习变得生动、鲜活起来。这种愉悦的内心体验为学生的成长打开了另一扇窗子，使学生的学习和生活更加丰富多彩。同时，综合实践活动也与学科教学相互补充，共同促进了学生的素养发展。

（原文发表于《教育视界》2018年第1期）

多彩活动，托举成长

——为特殊孩子的生命发展引航

车　英

“每一次都在徘徊孤单中坚强，每一次就算很受伤也不闪泪光……”一直很喜欢《隐形的翅膀》这首歌，并非简单地因为演唱者唱得有多么好，而是被歌曲中蕴藏的那种自信、乐观、向上、永不言弃的精神深深吸引，我觉得它诉说出了我们特教人的心声，唱出了特殊孩子们不断认识自我、发掘自我、完善自我的生命轨迹……

21 年前，当我踏入特殊教育学校的大门，看到有口不能说、有耳听不见、能听见却不会表达的孩子时，我的心震颤了，我讶异于苍穹之下有如此残缺的生命。为了让这些折翼天使能够自立自强，我竭尽所能地给予学生最真实可感的爱与呵护，积极探索适合特殊孩子发展的最佳方式，那就是用丰富多彩的活动去打开孩子们紧闭的心门，为孩子们的生命成长引航。

一、在参与中自我赋能

班级是一个小小的团队，如果它是一条船，那么班主任就是舵手。记得刚接手启智班，就给了意气风发的我一个大大的下马威。开学第一天，就有淌着鼻涕、流着口水、反应木讷的孩子站在我面前，一缕缕、一丝丝苦涩止不住从心底往上涌。教室中、宿舍里，哭的、叫的、打架的，乱七八糟，一片混乱。这时，我就在思考一个问题：我这个舵手怎样才能让班上的这些孩子快速建立起规则意识，让班级这条航船行得更稳呢？在一次带领学生看绘本故事的读书活动中，我很快找到了灵感。

1.“快乐向上冲”点燃激情

在阅读完绘本故事《毛毛虫的梦想》后，很多孩子摩拳擦掌，想要当故事中的毛毛虫，要变成美丽的小蝴蝶，连平时少言寡语的闫博也兴奋地举着小拳头说要当勇敢的毛毛虫。于是我想，何不设计一个擂台赛，就叫“快乐向上冲”。我把每一个孩子的照片都贴在毛毛虫的身上，俨然变身毛毛虫一样，设置纪律、卫生、常规、礼貌、助人几个板块的评比，根据情况设置“集赞升级”的规则。比如每项活动集赞够 10 个，就可以帮小毛毛虫往上冲一格，每月一统计，谁冲得最高，谁就是月度冠军，取得月冠军次数多的同学可以获得评选学校优秀学生的资格，等等。这个活动一经发布，瞬间点燃了班上孩子的激情，孩子们乐此不疲地谈论着，摩拳擦掌、跃跃欲试。另外，这个活动的开展也提高了学生对班级各项活动的参与热情，孩子们小小的心里有了集体荣誉感！令我感动的是，班上动作不太协调的孙佳婧在参加队列广播操比赛的四面转法的时候，脚不会动，我常常看到她一下课就在教室里练习。她练习的积极性影响了班上的其他孩子，孩子们一下课都主动排好队，在教室加强练习，他们或走步，或转法，或做操，成为教室里最亮丽的风景。最终我们班赢得了比赛，虽然不是第一名，但我在乎的是孩子们那一颗颗热乎乎的进取心，从这个意义上说，我们赢得的是第一名！

2.“靠近我，温暖你”学会帮助

孩子们慢慢地有了规则意识，我看在眼里，喜在心头。然而好景不长，马上就有新的问题出现了！我们都知道，现在每个孩子都是家里的宝贝，特别是我们这群特殊的孩子，在家中可谓是衣来伸手饭来张口，更别提家务劳动，有些同学连自己的衣服都不知道换。班上的姜欣宇、闫博这两名同学从一年级以来根本就不会自己换衣服。针对这种情况，我很快就发动了一次“靠近我，温暖你”的主题活动，以大带小，以弱助强，与“快乐向上冲”活动紧密结合：如果帮助了同学，就可以增加一颗助人星，每周一统计，集齐五颗助人星，就能助力自己的毛毛虫再往上冲一格，最后比一比，看谁的毛毛虫爬得最高，谁帮助的同学最多。班级中很快就形成了一股互帮互助的良好风气。闫博是班里年龄最小的，班上的王赟江同学总会非常积极主动地来协助闫博……从这些小事上，我能看到一个个原本调皮捣蛋的孩子在这个活动中的变化和成长，以及心系他人的良好品质。

3.“我的班级我的家”共同营造

班上的孩子渐渐有了规则意识，集体荣誉感也增强了，他们互帮互助，共同努力的身影曾让我一度“没事偷着乐”。长此以往，我渐渐发现有些孩子在集体大扫除中，有消极怠工的现象。当着我的面时，他们热火朝天地打扫着，可是当我离开或者不注意的时候，他们立刻偷起懒来。

这种情况在走读生彤彤身上尤其严重。家长来接孩子时，我就有意无意地跟彤彤奶奶聊起了彤彤在家打扫卫生的情况，彤彤奶奶立刻兴奋地告诉我：“在家可爱干净了，地上不允许有一根头发，拖鞋底都要刷得干干净净的……”于是，我由衷地感慨：有些孩子正是觉得班级不是他们家，是为别人打扫的，所以他们就可以不好好干，偷偷懒。于是，第二天我就在班里发起了“我的班级我的家”活动，让孩子们把班级当成自己的家，班级里的同学就是自己家里的兄弟姐妹，不论遇到什么事情都要共同维护“我们的家”。这次活动的开展让班级卫生情况保持得很好，也让孩子们逐渐养成了良好的卫生习惯，同学当中也养成了互相监督的习惯。比如我们班上的李奥同学，他虽然已经来了快 5 年了，但还不是很会拖地。于是，我就手把手地教他，并在班上示范讲解。早晨我没到校之前，班长邹峻童就主动帮助他，好几次我在门口看见他们互帮互助的身影。小同学闫博不会擦桌子，姜欣宇就主动领着他在身边擦给他看，后来闫博都能自己拿着小抹布擦这儿擦那儿了，进步很大。同学们的自理能力进步都较大，特别是在做值日生时，都能帮忙抬凳子、摆放桌椅、收拾整理好桌洞、挂好毛巾、摆好杯子等。孩子们为了营造一个温馨的“家”，都在一起努力着！每天早饭过后，都能看到孩子们在教室里主动地各司其职、协调劳作的忙碌的小身影。

二、在劳动中自我成就

为全面提高智障学生的生活、劳动技能，使他们将来能独立生活，更好地回归社会主流，学校全面实施“两翼”特色课程，即在基础性课程如语文、数学等课程的基础上，增加了技能和兴趣两大领域的课程。其中，技能性课程意在培养智障生学会发现并解决现实生活问题的能力。

1.“我是最美小厨师”家政课程

作为班主任，为了巩固孩子们在烹饪课程中学习的技能，我时刻与家长们保持联系，得到了家长们的配合。我通过班级微信群这种现代快捷方式在每个周末休假前及时发布“两翼”课程中技能课程的内容和进度，并定期开展“我是最美小厨师”活动，择优进行颁奖，以此促进学生的学习热情。例如中年级家政课程，第一个周末休假前学生学习了蒜苗、芹菜两种蔬菜的择法、洗法及切法，于是任课教师就把这个内容发到家长群里，让孩子在家长的监护下，在家里自己动手实践。就这样，让孩子把学到的技能带回家，既巩固了学到的技能，又体验到成功的乐趣，更好地增强了技能课的教学效果。家校之间的合作交流能让教师把阶段性教学的内容、目标以及各种技能要领，课上孩子的表现和状态，测评结果及时告诉家长，争取家长的配合；另外能让家长把孩子在家练习及应用情况反馈给教师，协助教师更好地进行技能课的测评和教学。

另外，“家长开放日”让家长走进校园，目睹孩子成长的点滴，让家长感受到孩子的成长是看得见、摸得着的。在这一活动中，孩子们巩固了所学的烹饪技能，学会了合理分工，也懂得了感恩，为以后的自立自强奠定了基础。

2.“我是快乐小农夫”劳动教育

每次忙割忙种的季节放假后，我都喜欢和孩子们聊聊天，问问他们回家都干了些什么，有的说是看电脑，有的说是玩手机，好一点的说帮家长干了些家务。班上一个叫致远的孩子，父母离异，父亲在工厂天天三班倒，他一直跟着爷爷奶奶生活，每次爷爷来送他，总是像祥林嫂一般向我诉苦：致远一会儿弄坏了别人家的门窗，人家找上门来讨要赔款；一会儿又玩打火机，点着了邻居家的草垛子；这次秋收回家，他倒是跟着上山了，可是又偷偷地把爷爷的油箱里面灌满了水，导致爷爷满满一车的花生到天黑还没拉回家，不帮忙，反添乱。

学校后面的一块农场在春种秋收时总是有人在打理，我想：何不利用好这份资源，适时带领孩子们参与劳动，体验劳动的乐趣，唤醒他们的劳动意识呢？于是，“我是快乐小农夫”的活动就这样拉开了序幕。春种，我带领孩子们一起去观察、体验，让他们懂得“春种一粒粟”的不易；金秋十月，收获的时节，我带领孩子们去感受“秋收万颗子”的喜悦。每次秋收时节，同学们总是拎着袋子、端着盆，迫不及待地向种植园奔去。

又大又多的土豆被同学们亲手从地里刨出来，红通通的苹果、黄澄澄的桃子被摘到手中，这既让同学们真切地体会到了劳动的乐趣、丰收的喜悦，也培养了他们的创新意识、感恩情怀。在体验、收获、分享的过程中培养了珍惜劳动成果的淳朴情感，在劳动的过程中也感受到了家长种地的辛苦。从此，回家以后帮忙干活的孩子多了，喜欢玩电脑、看手机的调皮捣蛋的孩子少了。

孩子们一次次在农场中的亲身实践，他们有着各种不同的情感体验，却身处同样的教育情怀之下——努力“为每一个孩子提供最合适的教育”“让每一个孩子都可以成为最好的自己”，这一直是我孜孜以求的目标。

三、在文化中自我激活

每教一个新班，我都要想方设法布置教室，把它装饰得温馨美丽，因为我认为一个美丽的生活环境可以让人身心愉悦，可以净化学生心灵，陶冶学生情操，促使学生健康成长。这是一种班级文化建设，也是美育，更是一种情感教育。

1．“我为植物安个家”情感体验

美丽的植物角是班级环境教育中重要的组成部分。它不仅具有绿化班级、美化环境的作用，还蕴含着很大的教育价值。我从孩子的年龄特点出发，发起了一个充满童趣的活动：“我为植物安个家”。

植物角是一个微缩的植物家族，有花，有草，有各种植物。说起植物角名字的来源，可是特别有趣。当我问孩子们，给植物的家起一个什么样的名字的时候，班里的“小博士”姜欣宇最早起了个名字叫作“我的一亩三分地”。我和班上的孩子们大笑，这名字感觉挺好，可惜它实在是太长了，最后定下名字“绿色王国”。

首先我在全班作宣传动员，让孩子们认识到这是一次非常有意义的活动，让他们自己动手，见证小植物的生长过程，他们热情高涨。植物角作为大自然的缩影，是孩子们认识自然、探索自然的宝地，可以让孩子们在动手、观察、探究中获得知识，体验快乐。

有哪些废旧的生活用品可以用来装扮植物角呢？你会发现创意无处不在，只有你想不到，没有你做不到。我注意到我们班有的孩子常常拿酸奶到学校喝，于是，他们喝剩下的酸奶盒子就是我们这次植物角小花们的“小家”啦！

说干就干！在整个过程中，我带领孩子们挖土、种植、浇水……孩子们乐此不疲，最终品尝到了收获的喜悦。我把“绿色王国”分成了以下三个区：

体验区：孩子们亲手栽下的小植物们就“落户”在这里，植物吸引着每一个孩子去发现、去探索。他们每天下课没事就跑来看，兴奋地指指点点，抢着给植物区浇水、捉虫呢！

观赏区：我放置了一些花期长、不常见的美丽盆栽，供孩子们欣赏，看到美丽的花，班里的孩子总会问我它们的名字。孩子们在感受到美的同时，也增长了见识。

蔬果区：我和孩子们一起种植了当季的蔬菜和水果，有草莓、黄豆、胡萝卜等等。这不仅能让孩子们掌握当季果蔬的生长动态，成熟后还可以让孩子们一起采摘、烹饪、品尝。这提高了孩子的动手能力，让课程更加生活化。

在我和孩子们的精心培育下，我们的“绿色王国”散发着浓浓的生命气息。我想，我们的教育不就像一场种植的过程吗？在孩子的心底播撒下美好的种子，很多时候，我们要相信自己付出的辛劳不会白费，相信岁月的公平。同时，我们还需要有耐心，慢慢守望，我们总会看见最好的结果。

2.“我的地盘我做主”班级文化引领

在班级文化建设方面，我注重以民主引领的方式，博采众长。班级文化建设是一个整体建设，既要包含班上所有同学共同的奋斗目标，也要兼顾学生的个性发展，基于此，在“规范”的范畴中彰显“个性发展”就显得尤为重要。

班级的主题墙是上一个班级留下的，因年久失修，主题墙上张贴的照片及作品早已失去了昔日的风采，纷纷飘落下来。于是，我在班上提议，让同学们一起讨论合理的创意设计，择优录取。讨论时我发现，孩子们的想法没有一个是和别人一样的。怎么办？我决定秉持“我的地盘我做主”的原则，把主动权交给学生，让每个同学的个性都得以张扬。

设计作品中，有孩子们喜欢的小猪佩奇相伴的《精彩瞬间》，也有毛毛虫参与的《努力向上冲》，还有大头儿子为同学们成长点赞的《最美作品》，更有小头爸爸见证的《好事树》。每个区域都立意深刻，都是我和孩子们一起用心打造的成果展示。当主题墙彻底改造完工时，孩子们欢呼雀跃着，每个孩子都来和我击掌，激动之情溢于言表。下课后，孩子们总是会驻足观看主题墙上的内容，互相诉说着、鼓励着、赞美着。这是孩子们自己设计的墙面，此次的墙面设计活动为孩子们营造了一个“我是教室的主人”“我的地盘我做主”的快乐氛围，大家在这个教室里不只是学习，更多的是发现美。在这个过程中，我们的学生不再调皮捣蛋，不再注意力涣散，而是学会了合作，懂得了分工，这种精神文化的引领在我看来是无价的。

四、在实践中自我影响

1.“我能为你做些什么”感恩教育

一次放假，班上玉洁的妈妈来接孩子，妈妈两周没见孩子，见到孩子时嘘寒问暖，问长问短，但玉洁对妈妈态度蛮横，一脸的不耐烦。我见状，在好言相劝玉洁的同时，深感肩上的责任之大。教育一个孩子简单，但要教育好一个孩子却很难。时值五月母亲节前夕，我想，何不以母亲节为契机，开展一次以“妈妈，我能为您做些什么”为主题的教育活动，来唤起孩子们对母亲、对家长的感恩之心。

（1）班会引领，埋下感恩之种：在“感恩母亲，回报母爱”的主题班会上，孩子们纷纷被我播放的《妈妈再爱我一次》感动得泣不成声，电影引发了孩子们的情感共鸣。

（2）贺卡制作，激活感恩之心：于是我趁热打铁，让孩子们动手制作祝福母亲的小贺卡带回家送给妈妈。孩子们满含深情地在贺卡上写着“祝妈妈母亲节快乐！”“妈妈，您辛苦了！”“妈妈，我爱您！”，稚嫩的话语饱含了对妈妈的感谢和祝福。

（3）特殊作业，收获感恩之情：在放假的当天，我又布置了一项特殊的作业，那就是让孩子用自己的实际行动去表达对父母的爱。对于孩子们回家后的表现，我在家长一个又一个充满感激的反馈中找到了答案。孩子们有的回家给爸爸、奶奶洗脚，有的给姥姥、妈妈捶背。前面提到的调皮的致远，孩子爷爷哽咽着告诉我，致远回家主动照顾他的老奶奶，跟换了一个人似的。

这样看似普通的一个想法却唤醒了学生知恩、感恩、报恩的意识，使他们懂得了亲人的艰辛与伟大，懂得了爱的真谛，这可以说是一件幸事。

2.“社会妈妈我来啦”社会实践

为了能够让我们的孩子们贴近社会，走进生活，学校组织部分学生走进社区，开展了一次主题为“分享成果，见证成长”的特色义卖活动。义卖的产品主要是我们自制的纸艺作品和其他手工作品，还有孩子们刚刚从农场里采摘下来的新鲜时令蔬菜。

宣传发动：为了配合学校的活动，我在班上进行了宣传发动，让孩子们自己说说走进社会和别人打招呼应该怎样做，鼓励引导孩子们勇敢地做一个小售货员，要热情地跟前来选购的居民们打招呼，主动介绍自己亲手制作的手工艺品的特色。

激情义卖：孩子们在义卖过程中的表现大大超出了我的预设，孩子们对前来选购商品的不同年龄段的买家都能够笑脸相迎，主动介绍，大江甚至还能主动把自己制作的灯笼推销给社区中和他同龄的孩子，让我不禁为他点赞！在活动即将结束时，在我的鼓励下，孩子们拿起剩余的产品去试着和小区里的小朋友开展玩具或者图书的互换活动。在此次活动中，锻炼了学生与人交往、参与社会的能力，最终实现激发潜能、学会技能、康复身心、养德尚美的育人目标。

看到孩子们脸上洋溢着开心幸福的笑容，我由衷地觉得孩子们笑起来真好看！

通过开展这些异彩纷呈的班级活动，不但让同学们知道了用纪律约束自己，陶冶了情操，培养了团结协作的精神，激起了努力拼搏的情感，而且在快乐的体验中也让师生间的距离越来越近。

“我终于看到所有梦想都开花……我终于翱翔用心凝望不害怕……”我很庆幸，在前行的路上，可以通过班级活动让每一个特殊的孩子拥有善良与勤奋、拼搏与坚强这一双隐形的翅膀，去面对人生道路上的风风雨雨，让行走不孤单，让成长更有力量。

（原文发表于《德育报》2021 年第 1623 期）

为网络时代学生的成长量体裁衣

杨雪梅

曾经做过一项调查：面对成长中的生命个体，哪方面的问题最让班主任束手无策？六成以上的教师提到了“网络”。五花八门的游戏、层出不穷的 App、永远刷不完的朋友圈和短视频……这一切的一切都会让孩子们沉迷于网络世界无法自拔。

在成长与网络之间，班主任一直都在尝试将孩子拉到岸上来，正所谓“网”海无边，唯有上岸，方能修得正道。于是，就有了苦口婆心的规劝、生看硬防的禁锢。面对这种种现状，我也颇多思量：如果班主任的看管防护之术真的能够解决问题，为什么还有那么多人为这化不开的网患而苦苦神伤呢？毫无疑问，在孩子和网络这解不开的纠缠间，成人做的多是些无用之功。

这个时代就是一个网络为媒的时代，许多师长心中所幻想的孩子下线离网状态几乎是一个无法完成的命题。因此，在自己的班级管理中，我采取的方式是变堵为疏，为网络时代学生的成长因势利导、量体裁衣。

一、由“刷别人的圈”到“吸自己的粉”

学生芳是一个“圈子迷”，朋友圈里谁出去旅游了，谁晒娃、遛狗了，谁做微商后又沉寂了，谁需要砍价、投票了，她都了如指掌。有一段时间，我一直在分析：对别人的一动一举那么关注的孩子需要的到底是什么？为什么别人的圈子里一有风吹草动，她总能第一时间伸出“大拇指”赞个不停？有没有这样一种可能：其实过度关注别人的孩子更加渴望别人对自己的注意与肯定呢？

通过几次不经意的尝试后，我心里的猜测便得到了证实。“昨天杨老师给我拍的照片点赞了。”“我朋友圈里发了个智力小测验，几十个人都没猜对呢！”从芳的言语间不难体会到：对于她而言，有人关注她了，她就有了存在感。

“芳，听说你把中国这上下五千年的历史已经读得非常通透了，杨老师真佩服你。”芳出生在一个书香家庭，很小的时候就对历史典故兴味十足。待小学毕业时，她不但把五千年的历史脉络摸得门儿清，还读了《哈佛中国史》、《讲谈社·中国的历史》等众多国外的研究著作。“老师，这个您都知道呀？”孩子显得有些吃惊，也有些掩藏不住的兴奋，她哪里知道我可是有备而来的呢。“历史知识还真是难不倒我呢！”

“你也知道，杨老师一直在推动全市的中小学生阅读活动。唉，要是孩子们都能像你这样爱读、善读就好喽。最近，我发现很多人对我们国家的发展是一无所知的。身为中国人，不了解自己国家的发展历程，这该是多么大的憾事呀。所以，我接下来的阅读导向想更多地指向史学。不过，杨老师在这方面也是个门外汉。这不就找你商量来了么！”

班上的孩子多把我这个班主任当成自己的“同党”。在他们看来，“同党”有困难，是无论如何都要出手相助的，芳也不例外，表示会全力支持我。于是，我趁机提议：网络时代，如果我们只是推荐书的话，大家是没有耐心去读的，不如由芳结合自己丰富的学识，用独特的视角把各个朝代的关键事件做个梳理讲解，然后以微信公众号的形式发布出去。这样，只要关注公众号的人，每周都可以读到一段精彩的历史。

当听说我会向全市学生家长介绍自己的公众号后，芳马上就开始行动。很快，这个由中学生创立的《说中国通史》栏目就吸引了全市中小学生的关注。芳在归结设计的时候也是极具慧心，“南朝梁齐同根生，一笔写出两个萧”“女皇武则天日月当空，名相狄仁杰万世流芳”……一个沉迷于刷朋友圈的孩子，因为这一个特别机会而吸引了无数喜欢自己的粉丝。更重要的是，芳总是很在意别人的目光、别人的世界、别人的状态，那种浮躁的心绪因为这份“说史”的专注而沉静了下来，在学习上自然是渐入佳境了。

二、由“沉迷视频”到“痴迷创造”

文是个聪明有想法的男生，但有段时间他的妈妈却无比忧心地告诉我：“孩子的整个心思都在网络视频上，拉都拉不回来！”更让家长忧心的是，面对沉迷的孩子肯定不能不管，但稍稍严厉一些，这个青春期的半大小子就剑拔弩张。

虽然文的沉迷令人心焦气急，但我还是一次次告诉自己：要冷静，不要因为无效的说教而破坏了我和孩子原来和谐亲密的关系。对于沉迷者的转化，绝不是着急就能看到效果的。经过反复的旁敲侧击，多方的问询探听，竟然被我归结出了文喜欢刷的视频类型：多半是聚焦技能和教程类。怪不得在许多班级活动中，我觉得这个孩子的点子特别多。看来，沉迷其中难以自拔的孩子也不是没有学到有用的东西，问题的关键在于怎么样进行良性的转化。

带着挖金子般的探寻和专注，我还真在文的身上挖到了宝：让扑克牌立起来、让纸飞机飞得远、自制弹力投石器……文身上这些看似神奇的绝活里不正蕴藏着许多利于孩了们成长的科学知识吗？我一步一步地诱导：“你说，什么样的盐水才能让鸡蛋浮起来呢？要怎么样操作这个实验？有没有科学根据呢？要不然，别人会觉得你学过魔术呢！”借着这样的追问，我告诉文，自己对他的这些小科技、小实验非常欣赏，想邀请他利用钉钉直播给同龄人上一节科创实践课。

为了让自己的操作演示更直观，文邀请了班里的“小电脑通”作为他的视频网络技术总监，还成立了临时直播小团队；为了让实验制作有理可循，他通过网络书籍查阅了大量的科学依据；为了让自己的解说浅显易懂，他一遍遍地修改、练习着解说词……他的第一场钉钉直播“谁的飞机飞得远”吸引了近百人参与体验。

当所有人都对文的网络直播首秀表示祝贺后，我趁热打铁，和文一起将他的视频专场命名为“i科创”，并邀请美术老师设计了品牌 Logo，打造了每月两场以科技制作发明为直播主题的网络讲坛。为了备好课，这个沉迷看视频的男孩华丽地转了身，开始痴迷科技制作和其中的理论研究。在全市举行的中小学生科技发明中斩获头奖后，文愈发地享受自己动手制作并带领他人实践的快乐了。

三、由“娱乐八卦”到“聚焦成长”

我一直都知道班上的孩子有属于自己的微信群，也无比好奇他们在微信群里都做了什么、聊了哪些话题，无奈人在群外，始终不得入门之法。

倒是一位家长发来的告状截图帮了我的大忙。“杨老师，您说现在的孩子就知道追星、爆料、聊游戏，精力哪有一点儿是用在正事上的呢？”我点开截图一看，可不，“××实在太帅了，这样的脸拍起照来肯定是360° 无死角”，这是典型的花痴状。“我们‘老班’看起来淑女一枚，行动起来风风火火，你们说她是不是矛盾附体了……”好吧，料都扒到我身上了。“猜猜今天打了几头怪？”这样迷幻的网络术语，实在是不知所云。

转念一想，谁的青春不追星，谁的成长没八卦，谁的年少不贪玩呢？他们所有的言行都可以理解。但是，如果能够让我找个机会介入的话，也许效果会大不一样。

于是，在等不来一个可以混进孩子群的好时机后，我决定自创机会，拉上班级中我的那几个“铁粉”学生也建了个微信群。我晒自己某天出游的穿搭，惹来几个点赞之后，我借机谈谈自己对生活艺术和对美的理解；我也聊自己的偶像，分享在遭遇挫折后从偶像的人生经历中汲取的精神力量；我回顾体验过网络游戏，剖白自己后来发现玩得很无聊、生命无所归依的迷茫；我从孩子们的对话中捕捉他们的困惑和喜悦，顺势推荐起自己读过的类似的书刊读物……孩子们的世界里哪里藏得住秘密，慢慢地，有些孩子和“老班”拥有微信群的消息就藏不住了，其他学生纷纷求“开门”。

把所有同学都吸引到由我掌控的微信群里后，我们也会继续聊孩子感兴趣的明星，但因为有我的体验和分析参与其中，孩子们的崇拜中多了理性与审慎。针对社会上的某种现象和热点话题，我也愿意和他们“八卦”一番，但我的“卦”里更多的是辨析能力的提升和向善向美的引领。看似随性闲谈，但最终我的指向都聚焦到了与孩子的生命成长相关联的那一面。

互联网时代，班主任可以何为？我想，与其因切不断的网生生拉开师生间的距离，倒不如变网络为资源，尽可能为学生的个人发展裁剪出合体的“成长衣”。这份裁剪源于敏锐的捕捉，更源于智慧的转化。

（原文发表于《教学与管理》2022 年第 9 期）

第四章

妙招化疑难

形形色色的孩子、各种各样的问题都在考验着班主任的转化智慧。有的班主任爱凭经验办事，当以往的经验行不通时，问题就变成了压在职业肩膀上的负担。值得庆幸的是，也有的班主任善于思考，常有妙招出手。于是，问题自然就变成了提升智慧的垫脚石。

那一年，我为他们读过诗

卢桂芳

面对青春期多动而叛逆的孩子，采用中规中矩的做法，学生们并不领情。他们总是有意无意地挑起一些事端，挑战着我的底线，一方面向班规校纪宣战，另一方面显示自己的桀骜不驯。为了降服班里的这些捣蛋分子，我屡出奇招，却收效甚微。直到有一天，一首诗让这一情况出现了转机。

我平时有阅读的习惯，遇到一篇好的文章，我也会与学生分享。“奇文共欣赏，疑义相与析”，通过日常的阅读共享与探讨，我希望拉近与学生心理上的距离，寻求思想上的认同。尽管这一举措真的让不少孩子发生了改变，然而那几个调皮的男生依然我行我素。有一次，他们甚至把我的书藏了起来。

那天的活动安排是阅读，我却怎么也找不到午休时放在讲桌上的《读者》合订本了。看着物品摆放整齐的讲桌，我心里有了数。抬眼看看那几个假装用心阅读的男生，我貌似随意地说了一句：“书丢了。从今天起，做一个不读书的人，喂马、劈柴、周游世界；从明天起，关心粮食和蔬菜，去造一所房子，面朝大海，春暖花开。”我的话音刚落，一个男生低声说了一句：“不是都从明天起吗？”是峰，一个特别不喜欢学习数学和英语，却对语文比较感兴趣的男生，他是那群捣蛋鬼的军师。看来，今天那本失踪的《读者》跟他脱不了关系，我得把他挖出来。

我走过去，看着一脸疑惑的峰，轻声对他说："刚才我念了一首诗，你知道这首诗？"他点了点头，然后说："不过，我知道的跟您读的不一样。""哦？怎么不一样？你能不能读来看看？"峰从我的眼神里读到了肯定的意思，就大声地诵读："从明天起，做一个幸福的人，喂马、劈柴、周游世界；从明天起，关心粮食和蔬菜，我有一所房子，面朝大海，春暖花开。"不得不说，峰的声音非常适合朗诵这首诗，纯净得没有任何杂质。我情不自禁地为他的朗读叫好："读得真不错，看来你很喜欢这首诗，以前背诵过？""嗯。""你知道诗的作者？""嗯，我还读过他的其他诗，但是记不住，只知道他是个以梦为马的诗人。"我知道峰指的是什么，《祖国，或以梦为马》是现代诗人海子的另一首诗，我朗诵起相关的诗句："……和所有以梦为马的诗人一样，我选择永恒的事业。我的事业就是要成为太阳的一生……"这几句诗被我写在了那本《读者》的扉页上。如果说"面朝大海、春暖花开"是一种生活态度，那么"以梦为马、莫负韶华"就是一种信仰，这也是我喜欢海子的诗的原因。而我却没有想到现在的青少年也会喜欢，更没有想到只是因为几句诗，我便得到了峰的认可，他从讲桌的缝隙里帮我"找"到了失踪的《读者》。那节课，我没有为他们读文章，而是跟他们谈起了诗歌，谈起了他们的课余生活……

我的学生喜欢诗，特别是现代诗，这是个意外发现。于是，我便及时调整了方向，不失时机地为他们读诗，和他们赏诗。秋雨绵绵，我给他们读《雨巷》，感受印象派诗歌朦胧而不晦涩、低沉而不颓唐、深情而不轻佻的幽微精妙；母亲节，我为他们读冰心的《纸船——寄母亲》，体味作者的赤子之心和对母亲的怀恋；谈及人与自然、人与人之间千丝万缕的关系和其中蕴含的哲思，我给他们读卞之琳的《断章》；月到仲秋分外明，我们读余光中的《乡愁》；谈及爱情观，我们读舒婷的《致橡树》；如果有同学情绪低落，我们读普希金的《假如生活欺骗了你》；提及美国南北战争和废除奴隶制，我带他们读惠特曼的《哦，船长，我的船长》……

那一年，我为他们读诗，起因只是他们喜欢。慢慢地，用心去做一件喜欢的事情成为我们共同的期待。在一次次的共读中，我们的距离不断被拉近，我们的交流也越来越多，相互懂得成就了我们之间的默契。一首首应情应景的诗充实了我们曾经虚掷的时光，充实了我们曾经贫瘠的情感，也将我所期盼的思想慢慢地渗透到他们的意识形态领域。诗歌成为我们共同的爱好，我们也成为同一条战线上的伙伴，曾经的分庭抗礼悄然而去，他们聚拢在我的周围，目光恬静而安然。他们说，有一位肯为他们读诗的英语老师，他们从内心折服；他们说，有了诗歌的相伴，岁月静好，怡然自得。

班级管理工作虽杂乱无章，却有法可循，班主任老师只要具备敏锐的洞察力、丰富的知识、海纳百川的包容心和随机应变的智慧，便总能于千头万绪中找到一个适合本班的巧方妙招，以四两拨千斤的睿智将班级工作处理得游刃有余。

（原文发表于《班主任之友》2020 年第 1、3 期）

自救成长营，让班级学风浓起来

车　英

刚毕业那年，我担任初一的班主任，第一次期中考试，我们班的成绩可以用“惨不忍睹”来形容。孩子们如霜打的茄子，蔫头耷脑、愁眉苦脸，甚至有的学生上课萎靡不振，呈现自暴自弃、我行我素的态势，让班级管理一度陷入混乱。作为班主任，我心急如焚，如何转变学生自卑的情绪，调动他们学习的积极性，让班级学风浓起来呢？我想，最重要的是让孩子们学会自我定位，自我管理，自我拯救，让他们体会到自我成长的感觉。

一、自我觉醒，自救成长燃激情

“孩子们，输并不可怕，可怕的是你输不起。成长就是在一次次的输赢之间成就的。我们要善于从输中总结经验教训，学会自我管理。”

在以“输赢之间，成就最美的自己”为主题的班会课上，我郑重地问道：“这次的期中考试，大家想必都已了解自己在学习上出现的纰漏，然而，我想问一下班干部，期中考试结束的这段时间，你们是不是感觉特别累？”班干部不断地点头同意并接过话茬儿说：“有的同学都不听我们的，还故意刁难我们。”

我缓缓说道：“同学们，管理分为三个档次：第一档是由别人管着也做不好，且有抵触情绪；第二档是只有别人管才能做得好；第三档是无须别人管还能做得好。一目了然，第三档的人有很强的自我管理能力，他会成为最优秀的人；第二档的人即使不反感别人的管理，也做不到卓越；第一档的人连接受别人的管理都有难度，更不要说自我管理了。”孩子们似乎有所触动，都陷入了沉思。

“孩子们，成长从来都是自己的事，别人永远替代不了。因此，我们准备成立‘自救成长营’——成长自救，自己为自己代言。具体做法如下：首先，加入自救成长营，冷静审视自我，表表自救成长的决心。其次，自觉者优先加入，分批通过。最后，拍照留念。”

第一批成员审查通过后，一说要拍照留念，个个兴趣盎然，有孩子想站在楼梯最高处：“老师，没有最高，只有更高，我不想给自己留退路！请大家监督我！”

自救成长营的成立让孩子们准确找到了自己的定位，点燃了他们自我成长的激情。

二、审视自我，注重仪式表决心

庄重的仪式能强化群体的认识，无论什么事情都能产生庄严感和正式感，从而潜移默化地影响着人的行动。于是当一切就绪，我带领孩子们举行了一次别开生面的“宣誓仪式”。

成长营的营员们先公开投票选举了自救成长营“营长”，营长带领大家将“誓词”大声读出，再带领大家进行庄严的宣誓。

当孩子们齐举右手放于耳畔，严肃而认真地跟着营长大声宣誓：“我宣誓，我自愿加入自救成长营，上课主动思考，积极回答问题，跟上老师节奏，不敷衍、不走神，课后作业按时完成。纪律自觉遵守，能力上注重自立，加强自律意识，以上几条我保证自觉做到！宣誓人：×××。”孩子们响彻教室的誓言让每个人都信心满满，摩拳擦掌，跃跃欲试。

在孩子们的一致要求下，我将此誓词定为班级“每日一宣”，由每一个成长营的营员轮流领读，大家热情高涨，每天的晨读便多了一项“每日一宣”。每次宣读之后，孩子们都能量满满信心十足。往日情绪最为低迷的小童曾这样跟我说道：“老师，每天早晨一想到‘每日一宣’，我上学都非常有动力，而且每次宣誓完了，我都像满血复活了一样，一整天的学习都有精神头了！”

三、自主思考，自我管理有目标

心理学中著名的罗森塔尔效应告诉我们，给孩子一个充满信任的人设，给孩子一个他可以做到的积极人设，有助于提高孩子的内驱力，促使他有更积极的表现。久而久之，我们就会发现孩子真的做到了。因此，我注重引导孩子们积极思考：为什么要自救？自救什么？怎么自救？让他们独立思考，自主决定，最终以“自救成长卡”的形式展示。

首先，针对自己的一个弱点每天进行击破。比如，第一天是上课不走神，第二天是管住自己、遵守纪律，第三天是作业的书写要提高一个档次……

其次，对于较难纠正的弱点进行长期攻坚。比如小松围绕“书写问题”自救两周：两天书写态度攻坚、两天习字方式的改观、三天时间上的强化、四天反思字形可不可以有变化、五天琢磨作业的书写质量等等。

每个孩子将自救成长卡写好后，分别放入每个人的成长能量瓶中，与班级管理挂钩。每次攻坚成功，大家民主表决，给予这些同学不同的能量积分。

这样一来，孩子们在学会反思的同时，还找到了目标，学会了方法，成长自救也在反思总结中得到了提升。

四、主动求变，自我拯救气象新

在自救成长营的定期反思会上，大家积极讨论成长的方式应与时俱进做出改变，变“要我学”为“我要学”。针对每个人的不同需求，学生可以随时主动去找到能为自己提供帮助的老师，确定自救导师，而导师们针对学生的问题提出翔实的辅助方法，每天固定在放学前 10 分钟进行总结交流。

交流会上，班长小禹分享说：“我的书写很糟糕，今天我去找书法老师给我讲解问题出在哪里。老师说我的书写步骤颠倒了，还存在练习时间短、每一个笔画都没有练到位的毛病。我一下就明白了，以前我只想着要写好字，没想到心急真的吃不了热豆腐啊！今后我一定安排好时间，好好练习。”

小静也分享道：“数学一直是我的噩梦，我一学数学就头疼。总觉得数学老师会笑话我，不敢去请教，没想到老师真心帮我，她说我上课缺乏认真听课的积极性。其实我知道自己的怪毛病，这次我下定决心要改掉这个坏习惯，我决定每天自救一个重要方面，每天上课鼓励自己认真听课，主动问老师一个问题，并认真完成作业。”

孩子们热火朝天地讨论着寻找自救导师的收获和感受，享受着自我拯救后的畅快。当我们的方式发生转变后，孩子们变被动为主动，各方面的成长动力也慢慢增强。

自救成长营的具体实施让孩子们破茧成蝶，也让我聆听到了孩子们在成长自救过程中生命拔节的声音。输与赢是每一个孩子成长的必修课，真正的自我成长是“胜不骄，败不馁”的意识的觉醒，是自我内驱力的调动，而“自救成长营”正好为迷途的孩子们打开了通向自主成长的那扇门。

（原文发表于《班主任》2020 年第 10 期）

巧设班级“帮帮团”，智慧转化学困生

张晋瑜

学困生的管理和转化一直比较棘手，做班主任这几年来，我做过很多尝试，但效果欠佳。于是，我做了新的尝试，在师友合作的模式下，补充设置“帮帮团”，开展更有针对性的帮扶活动。

一、“帮帮团”的建立

确定人员。确定帮扶对象：综合学生的日常表现、平时考试成绩、教师评价、小组推选、家长要求等因素，确定班级中需要帮助的成员以及被帮扶的科目。确定帮扶干部：本着自愿报名的原则，我再根据报名人员的日常表现进行筛选，并征得家长的同意，由此确定帮扶干部和帮扶科目。

双向选择。班级内部召开“帮帮团”招募会，先由帮扶干部自荐宣讲，介绍自己擅长的科目，并表达帮扶的态度和决心。帮扶对象介绍自己请求帮扶的科目，并简单剖析症结，提出帮扶需求，表达进步的决心。通过自荐了解后，双方做出选择，支持一对一、一对多、多对一等多种帮扶形式，双方选择后，教师再进行调整。

签订帮扶合约。由班级制作帮扶合约，内容包括：双方的姓名、职责及义务，帮扶学科之前的成绩，最终需要达到的目标，以及双方签字、双方家长签字、日期、补充的个性条例，等等。

准备物品。帮扶对象准备一个“帮帮本”作为成长记录本，合约贴在扉页上，帮扶内容、评价等都记录在“帮帮本”上。

二、“帮帮团”的实施

课堂自主调位，带动成长。帮扶对象在落后学科的课堂上可以自主选择座位，与自己的帮扶干部坐在一起。帮扶干部在不影响自己学习的情况下，关注帮扶对象的学习情况、听讲情况、做题情况，记录帮扶对象的知识漏洞，在讨论交流中进行针对性帮扶，对其不懂之处作补漏讲解。

课下见缝插针，推动进步。课余时间是共同学习的最好时机，利用好这个时间，“帮帮团”就会产生事半功倍的效果。早晨在操场上等待测量体温的时间，帮扶干部抽背帮扶对象前一天课堂学习的内容。课间，除去上厕所、喝水的时间，帮扶干部检查帮扶对象的作业及改错情况，对其不懂之处进行讲解。午饭后的时间及自习课，帮扶干部批改“帮帮本”上的题，并检查“帮帮本”上的背诵内容。

课外多方举措，共享成长。巧用“帮帮本”：“帮帮本”的内容包括本周末及下周计划、本周学习知识思维导图、补充习题。每周五晚，帮扶干部更新“帮帮本”，周日第一次反馈帮扶对象的完成情况，周三晚第二次反馈，周五最后一次反馈。反馈形式为双向反馈，如果帮扶干部布置比较有针对性的题目或列出详细的计划，帮扶对象可以为其贴上星星；如果帮扶对象的任务完成度高，帮扶干部为其贴上小星星。利用互联网：晚上、周末、假期，如果帮扶对象在学习方面有困难，帮扶干部可以在家长允许的情况下作视频辅导。沟通的小卡片：帮扶是一个长期且艰苦的过程，有效沟通和情感互动是维系帮扶关系的重要法宝。每周一给对方送上一张小卡片，表示感谢或鼓励，加强情感建设，给新一周的学习注入动力。

三、“帮帮团”的评价方式

每周统计每名学生获得的星星个数，星星最多的同学有相应的小组加分奖励。每两周选一次最优帮扶干部，奖励“最佳讲师”徽章。每两周总结一次帮扶对象进退步情况，进步最大者奖励“进步徽章”一枚。

无论是小组合作、师友合作，还是如今的“帮帮团”互助，我一直认为，学生间的合作进步是转化学困生的一种有效方式。我希望，随着“帮帮团”模式的不断完善，班级中能够形成互学互帮、共同进步的好风气。

（原文发表于《新班主任》2021 年第 25 期）

和学生一起打造“班级偶像”

李　玲

不知道从什么时候起，电视上的许多明星我都叫不上名字了，学生偶尔提及“这是某某明星代言的饮料”“这是某某明星代言的耳麦”，我更是闻所未闻。我虽然插不上嘴，但是能看出来，偶像对学生或多或少产生了影响：课本上、课桌上、书包上都是偶像图片；明星的衣着、言行，学生竞相模仿；明星代言的小吃、饰品，学生追捧。其实，我也有自己喜欢的明星，不过没有像很多学生一样痴迷。我能理解学生对偶像的向往，所以一直抱着中立的态度对待学生追星这一现象，直到连续发生了几件事——

一次课间，班上两个女生为某唱跳组合中哪一个成员更有魅力而争吵不休，两人的友谊因此有了裂痕。

小丽的妈妈反映，小丽买衣服非要和某明星同款，可是有些衣服并不适合女儿，母女俩因为买衣服而矛盾迭出，实在令她苦恼。

不少学生在追星上投入了太多精力，浪费了大量学习时间，学习成绩急速下滑。

……

有自己的偶像并没错，但是如果过度迷恋和效仿偶像，不但会影响学习，还会影响正确的人生观和价值观的形成。班主任要引导学生合理看待偶像，学会甄别，汲取偶像身上的正能量。

一、我的偶像我做主

既然学生喜欢偶像，那我便从偶像入手，设计了一堂以“我的偶像我做主”为主题的班会课，引导学生正确选择偶像。

1. 爱他的理由应该丰满些

课前，我做了问卷调查，了解学生心目中的偶像是谁，然后给偶像归类。结果不出我所料，学生崇拜的偶像大体可以分为 3 类：影视明星、体育明星和像马云一样知名的企业家。

上课了，学生在大屏幕上看到自己偶像的图片时，都兴奋不已。我请部分学生交流喜欢该偶像的理由，他们一个个如数家珍：“他出了十几张专辑，成名曲脍炙人口。”“他是乒坛的神话。”“她塑造的角色成为经典。”……大家谈论的都是偶像的风光，却对他们背后的付出置若罔闻。接下来，屏幕上出现了这样一行字：你知道他们的风光背后都付出了什么吗？学生们的交流声戛然而止。我接着播放视频和图片：姚 × 是我国篮球运动的代表人物，他经历过无数的挫折和伤痛；马 × 是互联网时代的赢家，他也体验过白手起家的辛酸；杨 × 儒雅的气质是在苦练舞蹈的过程中养成的……每一个光环和荣耀的背后都是默默的付出，而这才是偶像身上的可贵之处。

仅仅喜爱偶像的外表，这份爱是骨感的，将外在和内在相结合，才会使我们爱他的理由变得丰满，崇拜才会演变成前进的力量。

2.爱他应该是理智的

是不是所有的偶像都值得我们学习？学生的答案是否定的。有学生提到某明星吸毒，有学生说某明星生活作风不检点，还有学生举例说某明星耍大牌，他们认为，这些人都不值得学习。

学生在交流中感悟到：偶像崇拜要理智，品德高尚的人才能成为大家学习的对象。由此可见，选择自己心目中的偶像，首先要确定其人品过关，看他为社会做出了多少贡献。韩 × 是个其貌不扬的女歌手，可是国难当头之时，她不吝惜钱财，能够倾其所有地付出，所以，她值得大家学习。

3.选星的范围广泛些

我们都知道，具有一定教育意义的故事能带来最直接的教育效果。因此，我喜欢通过讲偶像故事引导学生树立正确的偶像观。

明星容易吸引学生的目光，但我们身边还有很多值得我们尊敬和学习的偶像，如感动中国年度十大人物、为人类生存发展做出巨大贡献的科学家等，他们的事迹更能引人向真向善，他们的成就对社会的影响更大。

帮助学生扩大选择偶像的圈子，学生渐渐明白了：比偶像的名气，不妨比一比他们取得的成就，以及他们背后的努力。

4.尝试成为别人的偶像

因为崇拜，所以模仿，并心生向往。那么，怎样努力才能使自己离偶像更近一些？学生在班会中畅所欲言，发现自己的外表不一定能达到偶像的高度。可是，我们可以学习他们的品质，让自己的行为也拥有“偶像范”。

班会最后，我发出号召：希望大家把握当下，好好学习，努力使自己变得更加优秀，从而成为别人的偶像。

或许一堂班会课不能彻底改变学生选择偶像的标准，可是有了方向和引导，学生再来看自己的偶像，就多了几分理性的思考，就能够拨开偶像的外表去捕捉他们身上可贵的品质。

二、培养“班级小偶像”

将知名人士作为偶像，对于学生来说还是太遥远，打造班级自己的“偶像”，才能让“偶像”可观、可感、可触。那谁能成为“偶像”呢？其实，身边的老师、家长甚至同伴都可以成为“偶像”。

1.班级“星探”在行动

学生中并不缺少值得推崇的人，只是浮躁的我们没有及时发现并培养。于是，我便将目光聚焦在学生的细微之处，成为一名

“星探”。

一天，我走进教室，第一眼就看到小影的桌子和大家不一样，既整洁，又美观，于是我对她说：“你能跟大家介绍一下你是如何做到的吗？”小影在大家崇拜的目光下，边示范边讲解，从桌上学习用品的有序摆放到课桌内的物品收纳，从保持整齐到做到美观，一时之间，小影成了班上的“整理收纳小明星”。于是，我聘任小影担任班级卫生委员，负责指导同学们做卫生，监督同学们的日常卫生习惯。这位小卫生委员竟然别出心裁地用手机拍摄了系列小视频，指导大家整理书桌、书包柜、家里的房间、衣帽间等，每周向同学们推送一个小视频。她的用心得到了同学们的赞同，得到了家长的认可，她也成了我们班名副其实的“偶像”。

2. 随手拍捕捉“偶像”之姿

我习惯用手机记录学生在校园中的点滴，从而获取学生的“偶像”之姿。

在越野比赛中，运动员挥洒汗水、咬牙坚持的生动画面，啦啦队奋力呐喊、跃跃欲试的紧张表情，全被我的镜头定格，我再配上动感的音乐，制作成“拼搏中的我最美”主题微信视频，班会上带着大家一起回顾，大家再次热血沸腾。同时，我们还开展了“运动中的你最美”和“为班级喝彩的你最美”评选活动，学生和家长都踊跃参与，被评出的最美者荣登班级“偶像榜”。

3. 争当“学习小偶像”

学习是学生的主业，所以“学习偶像”必不可少。阅读是关系学生终身发展的重要习惯，我在班级中坚持开展“好书分享”系列活动。我为学生精心录制、剪辑好书分享视频，每周在班级群里推送两个，谁最具偶像气质，大家一目了然。一个学期下来，每个学生至少能上镜一次。为了“出镜”，获得更多人的点赞，课间，学生都在争分夺秒地捧书阅读，阅读成为班级的新时尚。

数学学科则开展“小老师展讲”活动。学生在做作业的过程中遇到难题可以提出来，其他学生可以自告奋勇当小老师，自己录制讲解视频，按照规定的时间发送到班级群里，有需求的同学可以观看。小老师的队伍逐渐壮大，目前班级近一半同学已经有了多次当小老师的经验，学生不但锻炼了思维，还提升了语言表达能力。

班级中大部分学生会在某一方面表现突出，成为大家心目中的“偶像”。为了维护自己的“偶像”形象，学生更加注重自己的言谈举止，整个班级呈现出一种积极向上的态势。

（原文发表于《新班主任》2020 年第 22 期）

用故事和学生谈“情”说“爱”

袁晓艳

哪个少男不钟情，哪个少女不怀春？爱情若绽放在恰当的时机，就是两朵美丽的并蒂莲，可如果过早地萌芽抽枝，就会影响身心的健康成长和学业的正常发展。

作为班主任，我们面对的是个性十足、见多识广的一代孩子，当早恋猝不及防，生硬的说教会拉远师生间的距离，强势的隔离会激起学生的逆反之心……我的处理方式恰恰相反：柔性化解——用温情的故事和孩子们谈“情”说“爱”。

一、借力绘本，正确理解爱情

有段时间，学校里早恋风头颇盛，班上那一颗颗小心灵也是蠢蠢欲动，我这个班主任就沉不住气了：想开一次关于爱情的主题班会，发现少男少女们面对这两个字时都是羞羞答答，无法敞开心扉交流；想个别谈话，可看了看那几个敏感又正值青春叛逆的孩子，却不敢轻易行动。

无意间，朋友圈里转发的绘本故事《两只蛋的爱情》给了我灵感：谈论自己，孩子们不愿张口，如果谈论别人，谈论一个物件，他们肯定有话可说吧。于是，早自习时间，我按照故事情节的发展，把《两只蛋的爱情》分成三部分来讲述。第一部分呈现的是两只蛋在破壳之前的甜蜜和浪漫——一同沐浴阳光，躲避风雨，一起憧憬着美好的未来并相信会永远相爱。在讲述过程中，我有意识地引导学生就着这两只蛋的故事谈谈自己对爱情的认识、感受及想法，为他们的头脑中绘制了一幅幸福美好的画面。第二部分讲述了这两只蛋在破壳之后，截然不同的生活习惯慢慢地拉远了彼此间的距离——吃不到一起，玩不到一块儿，越来越没有共同语言，只能各自去寻找未来。讲述后，我让学生再次谈谈自己对爱情的理解，目的是通过这部分的内容与前期预想的强烈反差修正他们的想法，让他们认识到现实与理想是有差距的。第三部分直接呈现了结束语——你看，感情的破裂不一定有什么理由，可能只是因为岁月在变迁，彼此在成长……无须更多解释性的言语，学生们就已经在故事中认识到了早恋的本质和归宿，懂得了爱情之花只有在恰当的时机绽放，才能芬芳而美好。

就这样，我用《两只蛋的爱情》安抚了孩子们躁动不安的灵魂，在年轻的心灵里竖起了一块正确的指向牌。

二、制造故事，巧妙打开心结

如果说向绘本故事借力这个方法更适用于对一个群体进行情感

教育，那么面对个体早恋的问题时，老师就一定要斟酌再三，善于为学生“量体裁衣”。

所有人都知道龙喜欢班长，而且是绝对的单相思。班长被缠得不耐烦了，就会跑到我面前告状：“老师，他就像只苍蝇一样，我走到哪儿他都跟着，我都快烦死了……”龙是个自尊心很强又倔强的孩子，如果贸然地找他谈，谁也不能保证会发生什么事。但是，一天清晨，我去班级分管的花坛检查时，那些顽皮地沾到裤脚上的苍耳给了我灵感。

“同学们，下午又要卫生大检查，老规矩，我们分头行动。”一进教室，我就忙不迭地布置任务，“军和壮负责地面卫生，芳擦桌椅，平倒垃圾。哎，龙呢，你和老师一起去看看室外花坛里有没有杂物吧！”就这样，我在前面匆匆带路，龙提着小垃圾桶紧紧跟上。

果不其然，一圈转下来，我俩的裤脚上都挂了几个绿球球。“龙，看你裤子上挂了什么？”“老师，您腿上也有，这些苍耳太讨厌了，不管别人感受就挂上了身。”龙闷闷地弯下腰，清理着裤脚，我也蹲下了身子忙活起来。“哎，孩子，你说这苍耳要是变成个人可怎么办呢？我们还不得被他天天黏住吗！来，你这家伙老实点，后面还有，我来搞定它。”我半嗔半怒着。“嗯，那个，老师，我才不要做苍耳这种人呢，请您监督我……”

记得苏霍姆林斯基说过，教育的意图越隐蔽，越能被受教育者所接受。确实，面对龙这样心思敏锐的孩子，任何唐突仓促的说教批评都可能成为一根导火索，从而激怒他。可是当我巧妙地创造了一个机会，再进行了一些含蓄的点拨，我和孩子之间的交流就有了“守得云开见月明”的清朗。

三、成长分享，期许未来之美

“老师，老师，我想和您说点心事，请您帮我保密，求求您了！”芳塞了封信到我怀里，就急匆匆地跑开了。这可不像她平时的风格。芳是我的课代表，与我的关系一直比较亲厚，她和父母闹别扭了、和同桌吵架了这些鸡毛蒜皮的小事都会第一时间告诉我。这次怎么如此反常呢?

我回到办公室打开信，才知道原来小姑娘和隔壁班的“学霸”互有好感，但两个优秀的孩子又都很迷惘：上课注意力难以集中了，回到家里也没心思平静地学习了，想控制自己不去想对方又做不到，还有一年就中考了，这样下去，肯定会影响到学习成绩的。于是，芳决定向我——她心中的知心姐姐求助。

放学后，我把芳留了下来，孩子一脸凝重和紧张：“老师，您肯定对我很失望，会不喜欢我了吧！”“傻瓜，怎么会呢，老师也有过那样的时候，这很正常呀。”听我这么说，芳释然地坐了下来，又恢复了往日的顽皮和随意。“那是什么时候的事？后来呢，老师……”芳一脸的迫不及待。

“初二的时候，我和坐在后面的男孩都对彼此很有好感，好像一个眼神、一个动作就知道对方在想什么。”“对，对，就是这种感觉。”芳有些激动。“后来，我们约定把这份美好藏在心里，等考上重点高中再说。再后来，阴差阳错的，我读了师范，他读了高中，于是我们就每周通一封信。可是，这样的联系还是让他分了心，导致他高考落榜了。于是，我们就断了联系，他回校复读。然后，他上大学时，我就工作了，他毕业不久，我就成家了。”“啊，这样，好遗憾呀！”孩子的情绪马上低落了下来。“可是，我并没有觉得多遗憾，因为我们两个家庭都非常贫困，性格差异也很大，即便真走到了一起，也不一定会幸福。还是现在这样比较好，我们还生活在同一个城市里，偶尔会问候一下对方好不好，我们从不见面，但谁需要帮助的时候，另一方都会主动伸出援手。所以，这份感情就是珍藏在我心头最幸福的回忆。每每想到他，我就会想起他说过的话：‘都要好好生活，都要好好的……’我相信，即使到了七老八十，想起来这种感觉，我也是满满的温暖！”

“谢谢您，老师，与我分享了一段美好的感情故事。”沉默良久，芳开了口，“我知道该怎么做了，相信他也会明白。该学习的时候就要好好学习，我们不能把控自己的感情，但可以让自己为了期许的未来而努力，就算不能在一起，还可以拥有最美好的回忆！”孩子一脸轻松地离开了。后来，我看到的当然是克制情感、朝着美好共同努力的两个优秀学生。

在孩子的成长过程中，恋爱终归是一个避不开的难题。这个难题需要被温柔地呵护和解答。作为班主任，我所能做的就是多点贴心的交流，再给成长一点时间。

我很喜欢王维审老师的一句话："故事的魅力在于，它不是敲着我们的头指指点点，而是将教育娓娓道来。"用故事来和学生谈"情"说"爱"是我的教育尝试，我发现它的美好之处就在于可以将心结缓缓打开。

（原文发表于《中国教师报》2019 年 7 月 3 日）

“硬核”男生熔炼记

王迎军

这个假日，最帅的身影是来自国庆阅兵场上的铿锵男儿。网友们纷纷惊呼：“中国军人是最帅男团，不接受反驳！”是啊，这样的“硬核”男儿谁不夸帅，又有谁不喜欢？但反观当下的教育中，“女强男弱”的问题却频频上演，怯懦、胆小、不自信甚至哭鼻子，一个个小男生似乎得了“软骨病”“缺钙症”。在失望之余，班主任如何才能应对有方呢？

一、“硬核”男生“树”起来

离着班级老远，我就感觉大事不妙，杂乱的声音里带着一种莫名的兴奋，一群男生围拢在一起。悄悄走过去，我才发现宇彤手上拿着一只绿色的大蚂蚱，只见他捏着蚂蚱的两只腿，蚂蚱就在他的指间上下跳动，惹得同学哈哈大笑。有几个孩子想伸手摸摸，都被宇彤机警地挡住了，孩子们很快发现了我，都讪讪散去。我伸出手，宇彤有点不甘心地将蚂蚱递给我。原来这是宇彤为小菜园浇水时的意外收获。待同学们坐好，我问大家怎样处理，孩子们异口同声地说“放了蚂蚱”，有的孩子还抢答说蚂蚱也是人类的朋友。我转而问宇彤：“宇彤，你的意见呢？”宇彤羞红了脸，毫不犹豫地点点头：“老师，我不该抓蚂蚱，我要把它放回菜园去！”我对宇彤伸出大拇指：“宇彤，这才是最帅气的男子汉。”于是，班级小男子汉的标准上，我们又多了一条：小小动物要保护，绿色家园手拉手。

一开学，班级就开展了“最帅男子汉”“最美小女杰”的标准评选，评选标准分男生、女生两列。在军训会操、课堂学习、食堂就餐、放学路队、体育锻炼中，我们已经有了很多自拟评选条例，比如“不怕流汗不流泪，动作标准口号亮”“坐姿端正认真听，响亮回答最优秀”“光盘行动勤节俭，不挑食来身体棒”“听从指挥规范走，安全要诀心中记”等。大部分标准虽然相同，但还是体现出男女生的不同特质，比如在打扫卫生时，男孩子是“重活累活我先来，不怕脏来不怕累”，女孩子则是“认真细致无死角，不怕脏来不怕累”。每周班会上进行一次陈述评选，只要达到 3 条标准，就可以入选周优秀名单，女孩子获得小红心，男孩子获得点赞小手奖励。每次评选，我们还举行男女生互赞的环节，颁发“最佳伯乐奖”，充分发挥女孩子细心的优势，多发现男孩子身上的优点，“最帅男子汉”“最美小女杰”的优胜标准也随之越来越全面，孩子们的表现也越来越优秀。将为学做人处事的标准列出来，其实就是给孩子们尤其是男孩子树立了一个标杆，让“硬核”男生有样可循，有标可依。

二、“硬核”男生“赛”出来

学校的会操表演，体育委员人选原本是男生一统天下，而今却悄然发生着变化。全校15名体育委员，竟然有6名由女生担任，且女生喊响口令干脆有气势，夺了男体育委员的风头。不用问，班级里能够喊口令、喊得响的男生也紧俏起来。笑谈男孩子的传统领地被女汉子们攻城拔寨时，教师也深切认识到男子汉气概培养的紧迫性。确实，同样是6周岁入学，但由于生理和心理的因素，男孩在心智发育、精细操作、交流沟通等能力上明显不如女孩子，懂得了这一点后，对男孩子的培养就有了“舞弊”的小心思。

其一，激发男生战斗力，练就“硬核”男生。队列训练分成男生、女生小分队，时不时开展个小PK，在震天响的口号里，男子汉的豪迈就喊出来了；课堂提问时，故意问男生:“女孩子回答了两个问题，男孩子是想回答两个还是三个？”在跃跃欲试里，男孩子求胜的急切感就迸发出来了。

其二，针对性比赛，让男生也全能。放学前5分钟，开展整理文具比赛，故意问男生敢不敢和女生比一比，练练男生的自我管理能力；排队就餐时，比一比谁的胸脯挺起来了、谁的步伐跟上大部队了，练练男生的专注力；上课回答问题时，比一比谁的声音响亮、谁的回答最积极，让小男子汉们认真听讲，积极投入。

有意无意间，男孩子就跟上女孩子轻盈的步伐了。男孩女孩一起迈，成长的脚步才会有铿锵的节奏。

三、“硬核”男生“炼”出来

男子汉的培养不能仅局限于学校，更要和家庭联手。很多年轻的爸爸妈妈由于工作繁忙，往往是老人在照顾孩子，追着喂饭，事事满足，过度保护，这使得男孩子多了依赖，少了主见。可没有破茧的疼痛，哪有振翼的力量？没有阳光的炙晒，哪会有小麦色的健康？

家长会前的建议单上特别写清男孩子教育中出现的问题，特意留下一栏，让家长为“最帅男子汉”的培养出谋划策。智慧众筹，达成共识——父亲要参与孩子成长、体育锻炼、劳动教育、生活自主能力培养等。周末的作业单上，就和家长打个小配合，设置 1~2 项实践作业：周末随父亲等家人或朋友组织一次球类比赛，将大汗淋漓的照片拍下来发到班级群，争做运动小达人；参加一次家务劳动，比如垃圾分类或者拖地等，将具体的劳动过程写在周记里，评出家务小妙手；整理好自己的房间或者衣橱，拍下照片，评选家居小能手；参加志愿服务，留下最美笑脸，争做奉献社会小标兵；每周最少和爸爸交流一次实践活动收获；外出时在保证安全的前提下，独自乘车或步行；等等。多一次锻炼，就多一份成长；多一份磨砺，就多一份坚韧。

回望阅兵式上，那坚毅镇定的眼神、虎虎生风的步伐，那骨子里自然流淌的阳刚、自信和霸气，那能担责任、扛风雨的男儿力量和热血，隔着屏幕让人感动而不觉泪目。无独有偶，网络上袁隆平院士被大家亲切地称为全民男神；而最近，“男艺人上节目不可戴耳钉”更是位列微博热搜榜的第一名。这一场国家盛典意外地引发了社会对男性美的重新定义。是啊，培养“硬核”男生，熔炼最帅男团，是教育之责，是家庭之福，更是社会之幸，国家之光。

（原文发表于《班主任之友》2019 年第 22 期）

应对告状有妙招

卢桂芳

“老师，刚才我在认真写字，同桌故意碰了我的胳膊，结果有个字就写歪了，他还拒不道歉！”一个女生边告状边用眼睛瞟同桌，一脸的不高兴。而被告状的男生则看着我，耸了耸肩膀，满脸无辜，虽然没有出声，可那唇形分明在说“我又不是故意的”。

接手新班级才两天，我就饱受了学生告状之苦：不是他碰掉了她的书，就是她踩了他的脚，或者这个骂了那个，而那个又推了另一个，甚至被对方瞅了一眼都是告状的理由……总之，所有鸡毛蒜皮的小事，在这群三年级孩子看来都是天大的事情。而每一个来告状的孩子要么很委屈，仿佛是被人欺负的弱者；要么义愤填膺，似乎如果不向老师检举那些违纪行为，就是没有尽到自己作为班级一员的责任。我若不搭理，恐怕既没有尽到一个班主任的责任，也不利于今后的班级管理；可如果件件都去理论，又确实没有那么多的时间和精力。

一个优秀的班级应该在学期之初就建立良好的班级秩序，形成积极向上的班级风貌，而一旦形成告状的风气，则势必影响整个班级的精神面貌，也不利于学生形成正确的世界观、人生观和价值观。如何解决学生告状的问题，成了我接手新班级后面临的第一个难题。

在做了深入调查和认真分析后，我发现学生告状通常基于如下原因：

表现欲望。到了新的班级，部分学生希望能尽快引起老师的注意，而告状几乎是最直接、最有效的方式。这类喜欢告状的学生通常学习成绩并不理想，个人自律性也比较差，但是他们大多比较活跃，在班级其他事务中积极性较高，只不过喜欢用显微镜观察别人的缺点，用放大镜彰显自己的优势。

报复心理。部分学生在课后被同学开了玩笑或者取笑，又找不到其他应对办法，就找机会在老师面前打小报告，让同学挨老师的批评。

寻求帮助。还有一小部分学生性格比较内向，总是循规蹈矩，从不越雷池一步，即使被人欺负，也会牢记家长的叮咛："在学校不要和其他小朋友打架，被人欺负了就去告诉老师，老师会帮助你。"因为年龄小，他们往往无法界定什么是被人欺负，什么是同学之间的玩笑。于是，他们就只能按照自己的理解，一旦被干扰，就向老师告状。

分析完告状背后的原因，我采取了有效的应对方法，在短期内改变了班上告状接连不断的局面，让整个班级一团和气。

首先，针对小学生表现欲望强的特点，我召开了"我行我秀"主题班会，通过"个人风采""我眼中的他（她）""相信你能行"

等活动，让学生们充分展示自己的优点和特长，并鼓励他们发现同学的优点。我根据每个学生的优点和特长，给他们安排不同的班级管理岗位：成绩优秀的同学担任学习小组长，统一安排小组的学习活动；爱整洁的同学负责室内外卫生区；活泼好动且有一定运动天赋的同学负责课间操、体育课、运动会等一些艺体活动的组织；擅长绘画、书法娟秀的同学协助我装饰班级文化墙及文化长廊；文娱爱好者积极参加“课前一支歌”等学校定期举办的各种文艺活动；那些看起来精力充沛的大个子男生，除了课间帮老师分发作业之外，还安排他们负责午间分餐及餐盒整理……这样一来，每个人都有事可做，他们将更多的精力放在了自己分管的事情上，根本无暇告状，班级重新焕发出了活力。

其次，针对具有报复心理的告状，我用六尺巷的故事来解决。六尺巷位于安徽省桐城市西南一隅，长 100 米，宽仅 2 米，巷道两端立石牌坊，上刻“礼让”二字。据史料记载，清朝康熙年间，张英担任文华殿大学士兼礼部尚书。他老家桐城的官邸与吴家为邻，而两家院落之间有一条小巷。吴家翻新房屋，想要独占这条小巷，两家人争执不下，于是张家人给张英写了一封家书告知此事。张英在回信中赋诗一首：“一纸书来只为墙，让他三尺又何妨？长城万里今犹在，不见当年秦始皇。”家人阅罢，主动让出三尺房基地，吴家见状，深受感动，也愿意让出三尺房基地。六尺巷因此而得名。班里的孩子冰雪聪明，六尺巷的故事一讲完，他们就明白了其中的含义，原来老是争吵的同桌不好意思地相视一笑，各自收了收自己的骆聘；经常为桌椅空间争吵的前后桌也自觉调整了自己的桌椅位置。教育就是影响，很多时候，孩子是一张白纸，受到了什么样的影响，他们就会有什么样的成长。只有知道了是非曲直的标准，他们才会按照这个标准去做。

当班级的整体风貌发生了转变，个人的思想境界也会发生很大改变，宽容和理解成了常态。对于部分同学因为疏忽大意而犯下的错，其余同学也多采取谅解的态度，没有了“被人欺负”的感觉，自然也不会到我这里来告状。

当然，要达到这一效果，我还要进行一定的舆论引导。在班级晨会上，我给他们讲了苏东坡和佛印的故事。苏东坡和佛印斗嘴，苏东坡总是不甘居下风。终于有一次，在苏东坡说佛印像一坨屎时，佛印却说苏东坡像一尊佛。苏东坡窃笑自己总算争得上风，而苏小妹却道出了其中的玄机：心中有什么，眼里就会看到什么，嘴里就会说出什么，佛印因为心中有佛，才会视苏东坡为一尊佛。同时，我也告诉孩子们：和听到你们的缺点相比，我更希望看到你们的优点。希望大家注意观察周围的同学，如果他有什么优点或者做了哪些好事，欢迎大家用小纸条的方式给我留言。事实证明，这个方法更受大家喜爱。每天傍晚，我都会收到若干纸条。看着我展开一张张纸条，听着我念出一桩桩好人好事，学生们的笑脸越来越多。有谁不希望自己被表扬？又有几个人不肯为这当众的表扬而努力呢？鼓励学生发现班里的优秀事迹，确实让孩子们学会了从另一个角度去欣赏他人。

一块土地只要闲着，总避免不了杂草丛生，而避免长草的唯一办法就是让它长成一片庄稼地。告状就是小学生生活中最常见的“杂草”，其成因与小学生的心理发育及年龄特点有极大的关系，教师只要采取正确的方法，播种下一些好习惯的种子，则不仅不会滋生“杂草”，还会促进儿童的人格发展和班级优化管理。

（原文发表于《新班主任》2020年第16期）

快乐早读三件事，和迟到说“拜拜”

李　玲

一日之计在于晨，如果早晨没有一个好心情，那这一天可能会在浑浑噩噩中度过。我多么希望学生们能一脸灿烂地来到学校，雀跃地参加班级早读，为一天的学习生活拉开美好的序幕。于是，我将“快乐”二字作为推动学生积极参加班级早读的元素，吸引学生乐于参与，从而与迟到说“拜拜”。

一、快乐早读第一件事——抢“清官”

早晨到校的第一件事是打扫卫生，我打破固定值日生的制度，用一个“抢”字将值日以竞赛的形式来落实。教室准备四把笤帚，两把用于打扫室内卫生，两把用于打扫室外卫生，抢到笤帚的同学在黑板“今日当家”公示栏的“清官”一栏写上自己的名字。这个“官职”怎样才能吸引学生呢？首先，当上“清官”就要以身作则，承担起当天早晨值日之职；其次，要担起一天的卫生监察之责，在晚点时要做好总结；最后，经过全班同学投票评选出一名当天的“优秀小清官”，获得参评当周“优秀小当家”的资格，其余三名同学也可获得一张“喜报”，还能为自己的小组加分。

早到校才能抢到“官”，才能得到奖状，还能为自己的小组争得荣誉，对于小学生来说，这可是巨大的诱惑。就连经常迟到的小寒也曾在一周内连续两次抢到了“清官”。“抢”到的“官”，学生干起来会更加尽职尽责，因而在学校每日晨检中，我们班的卫生打扫情况一直保持得很好。

二、快乐早读第二件事——争当领读者

晨读是我校的传统，琅琅的书声从教室传出，那是早晨最动听的音符。前五名主动开始朗读的同学和前五名朗读最动情的同学将获得站到讲台上领读的资格。早读结束前，我为这十名同学拍朗诵视频，并在班级群里和家长们分享。这十名同学便成为当日的“班级小明星”。

学生是给点阳光就灿烂的。成为视频中的榜样人物，学生的内心会十分欢喜，参与早读的热情会愈发高涨。每个家长都不希望自己的孩子落后于人，所以我发到班级群里的诵读小视频能调动起家长督促孩子不迟到、积极参与早读的主动性。正因如此，我们班参与早读的人员是最齐的，朗读的声音也是最响亮的。

三、快乐早读第三件事——欢乐合唱

晨诵结束，便用“课前两支歌”来振奋学生的精神，让他们以昂扬的姿态投入一天的学习生活中。为了让合唱能激发学生的兴趣，我赋予“欢乐合唱”仪式感——全班同学离开座位，来到讲台，站到自己固定的站位。歌曲的选择由学生推荐，或励志，或欢快，或流行，或经典；演唱的形式也经常变换花样，合唱、轮唱、分声部唱，有时还会加上动作、朗诵等，每一次合唱都是一次表演，如果谁因迟到而错过了，那可是一件十分遗憾的事情。

兴趣是最好的老师，也是让学生乐于参与的有力推手，将同样的内容变一种形式，或许就会收到意想不到的效果。快乐早读三件事，学生们心向往之，于是就少了一些敷衍，多了一些期待，少了一些拖拉，多了一些积极，在不知不觉中，痛快地和迟到说“拜拜”。

（原文发表于《德育报》2020 年第 1595 期）

第五章

文化赋能量

太多班主任都只相信“管”的力量，却忽视了“引”的能量。作为班级建设的重要组成部分，班级文化的作用就是以“文”化人，调节并满足个体的成长需求，约束并规范个体的行动，进而培育出与时代发展相匹配的人、全面发展的人。良好文化助力更好成长！

个性发展：班级文化建设的应有之义

杨雪梅

班级文化是一个班级发展的灵魂，既彰显了班级鲜明的个性与形象，也让一个群体有了独特的气息。更重要的是，在一个动态而系统的发展进程中，无论是隐性的文化底蕴，还是显性的文化彰显，其着眼点都是以“文”化人，调节并满足个体的成长需求，约束并规范个体行动，进而培育出全面发展的人。但学生个性不一，班级文化倘若千篇一律，肯定满足不了他们的发展需求。由此可见，良好的班级文化必须得量体裁剪。只有这样，学生才能获得各自所需的营养，最终拔节生长。

一、投学生所“好”，让文化彰显个性

班级文化应是一种基于学生的个性差异而形成的特色文化，对学生群体的行动起着无声的引领作用。因此，顺势而为营造文化气场，方为班主任的智慧管理之道。

1. 基于共性，关照差异

一个班级有三四十个截然不同的生命个体，他们都亟须被关注、被满足。在如此复杂的大背景下，班主任该如何去打造个性的班级文化呢？我认为，首先，班主任要基于学生成长的阶段性规律来定位。因为不同学段、不同年龄段的学生对文化氛围的察觉度与敏锐度、对文化的理解力与感知力是不一样的。其次，班主任要有总体规划意识，有整体构建班级文化的思路。每个班主任对于自己班级的发展都有一个设想和构思，班级文化的建设肯定不能偏离这个大的发展方向，更不能随意更改方向。有了这两个大的方面作保证，班主任再从差异入手去构建班级文化，才能最大化地满足学生的个性发展需求。

数年前，我在所带的一个初中班级开展了基础教育阅读改革推进实验。毫无疑问，首先我要着力打造一个学习共同体，这样，阅读素养的提升才能成为这个班级的文化追求。如何既能从共性出发，又能关照个性呢？我认为首先要知道学生的兴趣点在哪里。于是，我留心观察了学生平时的阅读喜好，然后成立了不同类型的读书会，如诗歌散文 、经典小说、科普知识等，由学生根据自己的兴趣自由选择加入某个团队。其实，在任何班级活动中，我们都可以结合学生的小群体优势来做风采展示和特色策划工作。这样的班级文化建设，学生才能明显感受到自己的兴趣爱好得到了教师的尊重和认可。

2. 着眼兴趣，搭建平台

班级文化建设需要一个合适的载体来实现，而学生的个性发展及兴趣爱好也需要通过一个恰当的平台来展示。班主任在建设班级文化时必须认识到：班级活动策划不仅要尊重学生与生俱来的个性，而且要关注学生当下的兴趣爱好和认知经验。只有当学生觉得自己在班级里是被接纳的、被认可的，他才能够在集体中扮演一种积极的角色。

我曾经带过一个班，该班的学生规则意识较弱，经常令任课教师头疼不已。经过一番观察，我发现有一部分学生是篮球迷，但凡有一点时间就凑在一起聊比赛、侃球星，甚至还有些学生半夜三更爬起来看篮球比赛直播；还有些学生沉迷观看各种网络视频去获取明星新闻，连课上都要递小纸条或不时耳语地交流几番。面对这样一群“不安分”的学生，严肃批评和强硬阻止肯定不是上策，甚至会僵化师生关系。为了解决这些问题，我在班级文化设计上费了些心思，主要从两个方面入手：一是在班级的显性文化布置上开辟了“赛场纵横”和“成长有你——说明星”专栏，主动帮学生把遮遮掩掩的行为变成光明正大的行动，从而赢得学生的信任，避免“禁果效应”的产生；二是积极开展各种活动，把学生引到运动场上去，引到网络资源的开发与设计上去，引到关注偶像成长奋斗经历并以此激励自己的道路上去……这种观照兴趣式的班级文化构建拉近了师生间的距离，收获的自然是一念之转后的晴好与明媚——学生们不再在课堂上随意地交流，而是有了较强的规则意识，获得了任课教师的诸多夸赞。

二、补学生“所短”，以文化弥补缺憾

班级文化建设的意义到底在哪里？ 毫无疑问，用文化的理念统领班级工作，用文化的氛围熏陶学生，通过文化互动影响学生的一言一行，这是我们进行班级文化建设的根本目标。顺着这个目标，一切行动的最终着眼点才会落实到提升学生的人文素养、提高学生的综合素质这个大方向上。

既然班级文化最终的落脚点是要关照到人的发展、为学生的成长奠基，那么仅仅关注学生的长处、满足他们的单一需求肯定是不够的。班主任还必须了解学生身上的短板和劣势，促进他们均衡发展。

1.用故事丰盈情感

当下，很多学生存在这样一个问题——情感的迟钝与缺失。以我所带班级为例，有的学生视父母、家人的关心照顾为理所当然，只会变着法地提要求而不知感恩；有的学生对老师的辛苦熟视无睹，认为老师只是在完成工作任务；还有的人对同学及身边人都是一副冷漠的表情，好像眼前的一切都与自己无关……这些情感问题绝不是我们一味说教、简单灌输道理就能改变的。对此，我以故事作为

情感启动素材，每天坚持用叙事的方式慢慢撬动学生冰封的感情世界，故事内容涉及成长与亲人、成长与师友、成长与自然生命等不同主题，为存在各种情感问题的学生提供有针对性的指导。

2. 以活动强健心理

任何一个班级的发展都离不开文化活动的支撑。我意识到班上的学生进入青春期，心理开始出现了波动，遂决定向班级文化活动借力。当学生们在体育节上失利时，我借机与班上那些承受力差的学生聊比赛、聊得失，引导他们明白失败是一件很正常的事，并与他们一起谈论褚时健老先生历经坎坷仍能重新崛起的经历，共同制作了一段面向全班的哲理小视频；中考誓师大会固然是为了提振精神，但我捕捉到一些学生在考场中承受的压力，因此特意与他们分享自己当年中考时的一些经验，作复习方法方面的指导，有意识地为学生减压……每一次活动的开展都是一次心理抚慰与疏导的契机，因为有了"防患于未然"的先见之行，学生在成长过程中便充分地享受到了班级文化的滋养，少走了很多弯路，以更加积极向上、健康阳光的心态面对学生生活以及未来生活。

总之，个性发展应成为班级文化建设的应有之义。而身为班主任，我们唯有依照学生的个性来筹谋构建班级文化，适度收放、按需打造，才有可能让每个生命个体自由呼吸，自主成长。

（原文发表于《江苏教育》2020 年第 79 期）

让个性教育在创新能力的培育中行稳致远

王迎军

多年前的一幅漫画为我们的学校教育敲响了警钟：有棱有角的孩子们走进了校园，经过几年的学习之后，变成了一个个圆球。这幅漫画引发了社会对“学校教育究竟要培养什么样的人”的思考。我们的孩子在教育的熔炉里渐渐失去了自己的个性，失去了独立思考的能力，失去了自主创新的本领，学校里的每一个教育者都难辞其咎。由漫画推及诸多拘囿人思维的教育事件——考试卷上的“标准答案”，“知识漏斗”式的教书先生，刻板单一的课堂模式……在质疑和批判声中，人们对教育的反思多了，教育者进行课程改革的决心和行动也多了。

一、承认个性差异，创新能力培育有基础

世界上没有相同的两片叶子，同样没有完全相同的两个人，班主任在教育学生时，如果承认个性差异，就会因人而异，因材施教，而不会唯分数论、唯名次论。

有的学生心思缜密，勤奋好学，是班级中的佼佼者，那就安排

他们做师友学习小组的“小导师”，这样合作学习就有了罗盘和主心骨；有的学生爆发力强，是运动场上的常胜将军，那就把班级的体育事务交给他，健体运动一准能安排妥当；有的学生观察能力强，有组织能力，若利用得当，班主任就有了得力的小帮手；有的学生具有乐感，节奏感强，是班级的“小百灵”，文艺演出就有了小指挥；也有的学生没有什么突出的本领，却懂事明理，乖巧可爱，受到家长、教师、同学的喜爱……班主任在进行班级管理时，应该看到每个学生身上的优点，根据学生的个性特点布置相应的任务，让他们承担起相应的责任。

那年，我新接手一个班级，班上有个叫小棚的男生，在默写一首诗时竟然只写了3个字，其余的所有字都用“?”代替，令人哭笑不得。经过了解才发现，小棚是真的不会写字，课文基本也不会背，他的成绩在班上一直是倒数。在郁闷之余，我没有放弃，而是不断找机会鼓励他要好好学习，想了很多办法帮他写出正确、规范的字……有一天，他竟然主动找我背诵《春》，而且能背下几个大段落。我感到十分惊讶，问他是怎么背下来的。他说只要在脑子里想象一下文章中所描写的那个画面，就能背下来了。这样的孩子，虽然暂时不会写字，学习也很吃力，但是他丰富的想象力和超强的理解能力足以让我相信他有很大的潜力，只是需要我去发现和激发。表扬了他学习上的进步后，我就借机把班级的评价手册给了他，让他负责记录。他果然记得清清楚楚，每天的汇总和展示工作都完成得很好，并能提醒各科老师记录好分数。他还根据自己的理解，想出用不同颜色的图片代表加分与减分项目、用良好表现扣除减分项目等评价办法，这让任课教师对他刮目相看。

二、尊重个性差异，创新能力培育扎深根

说起尊重个性差异，不能不提到华为总裁任正非。在接受一次采访时，任正非讲的一个故事令人印象深刻。他说一位俄罗斯的青年数学家应聘到华为十几年，大家都不知道他在干什么，印象里不善言谈的他好像只知道“玩”电脑。可是有一天，他却突然告诉任正非，他突破了 2G 到 3G 的算法。就是这样一个算法的突破，使得华为的技术在世界科技中占据了一席之地。

听到这个故事，我首先想到的不是这位青年科学家的创新能力，而是任正非对这匹“千里马”持之以恒的尊重和包容。在追求经济效益的当下，一个公司在人才聘用上，不要说十几年不出成绩仍给予高薪，即便是一两年拿不出点成绩来，不论是“伯乐”，还是“千里马”，都会被质疑、被诟病。作为班主任，当面对学生的时候，我们可能没有任正非一样的远见和胸怀，但我们应该做到尊重并宽容学生的个性，学会耐心等待。

挖掘生命的潜能，方能看见成长花开，也唯有承认、包容、尊重、保护个性，创新能力的培育才能成为源头活水，滋养个体生命的成长。

三、利用个性差异，创新能力培育添多彩

为了让更多学生的个性特长得到展现，学校开始执行“选课走班”制度，刚开始主要由教师设计，学生只是参与。但该制度实施过程中，出现了学生不愿意参与某些社团，或想参加某个社团却因报名人数太多而被拒之门外的问题。为了帮助更多学生找到心仪的选修课程，学校进行了“课程设计 PK 赛”，师生双线并行，同时开展课程设计，结果让人眼前一亮，充满惊喜。学生设计的课程有“故事手账”“网有千千结”“历史上的趣人趣事”“叶子的故事”“瓶之新语”等，这些课程由学生作为“导师”，不仅解决了师资的问题，也给了学生充分展示才能的舞台。

初二年级的小敏是个历史爱好者，他的“历史上的趣人趣事”社团一成立就吸引了大家的目光。小敏结合自己的读书经历，讲述历史上的趣人趣事。一段时间后，在老师的建议下，小敏又将历史分为几个大的时期，让社团同学都参与到趣人趣事资料的收集中来。大家脑洞大开，细化出古今中外的政治家、文学家、科学家、军事家等不同类别的人物故事。由一个人物开始，抽丝剥茧地引出同时代、同姓氏或同领域的其他人物及趣事，大家形象地把这种方法称为“趣人趣事合纵连横法”。在这个过程中，除了保留常规的社团讲坛外，学生们还进行了视频录制、“美篇”制作、话剧演出等，尝试着将人物故事进行多种形式的演绎，既锻炼了自身的语言表达等能力，也开启了对历史知识和事件的探索之旅。

在编织社团，大家编织各类小装饰品，社团里的小曼建议大家学习一下逃生绳的结法。小曼的父亲是海员，归家的日子，他总是教小曼各种绳子打结技巧。于是，小曼就把这个本领带到了编织社团，她教给同学们双渔人结、普鲁士抓结、坐膝悬垂身体结等多种打结方法。绳子的多种玩法激发了学生们的好奇心，大家开始探索绳子的原料，研究如何编织才能让绳子更有韧性、绳子还有哪些妙用等问题。编织社团从单纯的手工社团发展为探索和创新社团，发现之旅由此开启。充分利用个性差异，给予学生展示的舞台，不仅可以让学生个体绽放光彩，而且能带动和引领更多学生成长的脚步。

现阶段，我们正经历着由“中国制造”向“中国创造”“中国智造”转型的关键时期，培养青少年的创造思维和创新能力，培养广大青少年的科学精神和科技素质，培养适应科技发展与社会进步需要的劳动者，是时代赋予每一个教育工作者的新使命。承认、尊重并利用好个性差异，个性教育的脚步才能在创新素养的培育中行稳致远。

（原文发表于《江苏教育》2020 年第 95 期）

锻造信息素养，打造充满活力的班级文化

李　玲

当前，我们处于网络时代，教育的变化日新月异，班级管理逐步趋向智能化、信息化和多元化。一个合格的班主任要不断提升信息素养，借助新媒体打造充满活力的班级文化，让学生获得更加全面、更加积极的成长。

一、利用新媒体记录学生成长的足迹

新媒体在教学中发挥着越来越大的作用，不计其数的 App 如雨后春笋般遍及我们生活、工作的方方面面，给我们带来了很多便利。班主任应该尝试运用各种软件，并与班级管理巧妙结合，促生教育智慧，助力打造新型班集体。

学生的成长是一个缓慢变化的过程，慢到不知不觉，我总是捕捉细微的触点，并借助网络平台和一些 App，为学生留下成长的痕迹，学生喜悦，我心荡漾。

1.制作节日电子相册，让学生拥有仪式感

每当节日来临，学校和班级都会组织学生开展各种各样的活动，关注学生的兴趣，尊重学生的需要，让学生在活动中树立正确的人生观和价值观。可是，当节日被时间的流逝带走后，学生留下了什么呢？为了使学生的节日过得有仪式感，让学生在活动中的体悟最大化，我用手机抓拍节日中的每一个关键瞬间，然后配上音乐营造适宜的节日氛围，制作成电子相册，和学生们一起回顾，和家长们一起分享，参与加回顾能发挥一加一大于二的效果。

母亲节来临之际，我在班级中开展了“三个一”活动：写一段温情话、做一件暖心事、绘一张感恩画。在真情参与中，学生们和母亲们都收获了很多感动。为了将这份感动的维持期限拉长，我分别制作了三份节日电子相册，收藏了节日中学生触动自我和他人的可贵镜头，并进行分享。当听着《鲁冰花》的歌曲，欣赏着一张张饱含深情的画面，很多学生和家长都感动得潸然泪下。“本来在参与活动中，我并没有如此动情，可是当回头看看时，原来我也是用情至深。”一名同学在日记中写道。是的，这就是我精心制作电子相册的初衷，留住心灵的触动，扩大心灵的感召，这样的成长是值得纪念的。

2.分享活动，分享快乐，将美好的瞬间留住

在活动中启智明理，在活动中愉快成长。学生参与活动时，我

总是随手拍摄、随时记录，并制作主题微视频，让学生感受到自己是活动的小主人，让家长了解孩子在学校里丰富多彩的生活。

在越野比赛中，运动员挥洒汗水、咬牙坚持的生动画面，啦啦队奋力呐喊、跃跃欲试的紧张情境被我的镜头定格，使之成为挥之不去的永恒印记。我配上动感的音乐，制作成一期“拼搏中的我最美”主题微视频，在活动后的班会上，带着大家一起回顾，大家再次热血沸腾，为了集体荣誉而奋勇拼搏的精神被再次唤起。

在“书香学子”的评选中，我打破了投票选举的形式，而用App制作了一段段微视频，谁是名副其实的书香学子，同学们一目了然。为了此次活动，平时我就注重图片和小视频的收集，用手机随时拍摄学生主动阅读的镜头，私下里让家长也参与随手拍，并随拍随传给我。这样我就拥有了大量的真实素材，到了评选前几天，我便着手进行微视频的制作，加上特效，做成一段段典型人物宣传片。看着自己成为视频中的主角，书香学子们备受鼓舞，其他同学也产生了崇拜的心理，班级阅读氛围更加浓郁。

3. 记录改变，记录进步，让成长有足迹

学生的改变不可能一蹴而就，学生的进步也不可能一日千里，当我们借用新媒体记录和宣传的功效时，不但可以让学生的点滴变化可视化，还可以加快学生前进的步伐。

寻找“班级整理小达人”，是我为培养学生良好卫生习惯而举行的活动。课余时间，我随时偷拍学生的桌面、桌洞、书包柜，制

作成视频，在班级微信公众号发布，让学生投票选举。公众的眼睛是雪亮的，得票最多的学生会得到“讲卫生小达人”奖章，同时会成为班级卫生委员，负责对同学们进行卫生收拾方法指导和日常卫生习惯监督。令人意想不到的是，其中一个小卫生委员竟然也学着我的样子，自己拍摄了系列小视频，视频内容涉及书桌整理、书包柜整理、家里房间整理等，每周向同学们推送一个。她的用心得到了同学们的赞同，也得到了家长们的认可，她成了我们班的“小网红”。在“小网红”的带动下，那些乱糟糟的桌面整齐多了，桌洞里的学习用品也有了属于自己的固定位置。良好的卫生习惯不但在班级中留下了足迹，相信也会在学生的生活中留下足迹。

二、网络信息化为班会课注入新的活力

班会课是班级德育的重要载体，每上好一节班会课，都会将一束阳光照进学生的心灵。学生的心灵被点亮，学生的人格才会越来越完善。网络的信息化为我们提供了丰富的教育素材，合理择取的有利资源便会成为点亮这束光的燃点。在尝试将网络资源运用到班会时，我发现班会课竟然焕发出了勃勃生机，收获了很多的意外之喜。

五年级下学期，有一次我们去实践基地学习三天两晚。对于很多学生来说，这是第一次离开父母，家长的牵挂在所难免。第一天晚上 11 点，我班小伟的爸爸发来信息说，想孩子睡不着。可是第二天，我问小伟是否想爸爸时，他竟然毫不犹豫地回答：“想他干吗？”

当时我便愣住了。父母对孩子掏心掏肺，孩子真的领情了吗？父母单方面的付出，孩子懂得回报吗？等到乘车返回时，大部分学生对实践基地恋恋不舍，不想回家。感恩教育是现在孩子所欠缺的，此时一个从网上看到的微视频映入我的脑海，所以回到学校的第一件事，我就召开了一节班会课。这节课我只给学生观看了视频《来一斤母爱》，视频结束后，大部分孩子已经泪流满面。让学生交流感动的理由，大家不约而同地想到了自己的妈妈。是的，树欲静而风不止，子欲养而亲不待。一段视频的德育效果可以与精心设计的一节优质班会课相媲美。

班主任应该拥有捕捉德育素材的敏锐力，我习惯将能触动学生的一张图片、一个故事、一段文字、一段视频等收入我的收藏夹中，作为我班会课上的素材，待到需要时便可信手拈来。网络拥有取之不尽的素材，为我打开了班级德育的广阔空间。

三、分享资源，分享收获，搭建沟通你我的平台

教育教学是一份与沟通紧密相关的职业，只有在沟通中促进理解，教育才会在一团和气中收获一份份感动、一个个惊喜。在尝试运用自媒体平台展示自我中，我搭建起了和家长、学生、同事之间沟通的桥梁。

“李老师，久仰大名，今年我家孩子能跟着您学习太有福气啦！”新学期开学，我总会收到不少类似的信息。建立家校通信录

是我接手新生后做的第一件事情，我邀请家长成为我的微信好友和QQ好友，我的朋友圈、QQ空间全员开放。了解一个人的最好方式就是走进她的圈子，所以家长们很快就认识了我、了解了我。

我的圈子里展示的大多是与我教学相关的信息，通过微信公众号发布的文章是对我教育理念的具体展示，借助朋友圈对班级活动进行图文并茂的呈现，是对我治班策略的最好体现。我喜欢将我的教育故事、教学反思、读书心得等倾注于笔端，发布于QQ空间的班级日志，这几年收获了不少的同事、家长和学生的关注。我的敬业、我的专业、我的勤勉、我对学生的关爱，通过自媒体平台化虚为实，提升了我在周围人中的知名度，也让家长和学生在了解我的同时，多了几分信服。于是，自然而然地便会产生“信其道”的效果。

另外，我也偶尔在社交平台晒我的生活，让家长知道我也和他们一样，是母亲、是女儿、是妻子，这样能拉近我与家长之间的距离，让家长对我产生亲切之感。家长会召开之前，家长借助自媒体展示平台已经对我有了比较细致的了解，有了心理和情感的基础，在对学生的教育问题上更容易与我产生共鸣。

活到老，学到老。在不断提升自身的信息素养时，我的班级管理也逐步形成了充满活力的班级文化。在这样的班级氛围中，学生们能够获得更加温情的启迪，班级管理更多了几分人情味，班会课可以使人更加动情，家长对我更多了几分理解……

（原文发表于《今日教育》2020年第9期）

在班级群体规范中自觉成长

——以班徽设计为例

王晓菲

班主任在日常教学中的一切活动都意在引领学生成长，若形成班级群体规范，那么学生在规范的环境下就会自觉成长。所谓班级群体规范，就是班级群体成员的行为准则，也就是在班级群体活动中逐渐形成的，班级成员在心理上接受并遵循的行为准则。我们的班级管理目标都要通过班级群体规范去引导学生心理和行为的健康发展。

在教学中，为了让班级更有特色，我们会设计班徽，这个过程正是形成班级群体规范的好时机。我们不能随意安排，然后评选出最优，而是要让每一个同学在设计的过程中慢慢将班级群体规范融入自己的言行，当有一天班徽被佩戴在胸前时，他们都能感觉到它带给自己的改变。

一、班级群体规范初入人心

今年我带毕业班，在开学之初，活泼多才的班长就跟我建议设计班徽。说实在的，毕业班时间紧，似乎一开学，上到领导，下到教师，从家长到学生，大家都处于战备状态。在学校里，很多活动毕业班都无须参加；在家里，闲杂事务也不用孩子沾手，名曰“家有考生”。真是除了学习，一切靠边。班长跟我说的时候，我的第一反应是：算了，没有班徽照样中考，要那些花里胡哨的东西干啥。

但我又一想，这么多年的初四班主任干下来，看到的是一届届考生在终日学习下的煎熬，孩子们鲜有主动性，似乎都任由各科老师拼命挤压，以此来争取那点“油水”。由于战线长，一年下来，师生都是身心俱惫。快到毕业时，教师们长叹，学生们雀跃，这一年终于熬过去了，彼此间留恋的甚少，谁也不愿意回想那过去的时光。难道教育是这般折磨人吗？或许，班长的这个提议可以让这种状况稍微有所改变。于是，在班会上，我公布了设计班徽这一消息，不出所料，孩子们依然认为这只是几个擅长画画的人的事，大部分学生没有回应。我接着说，设计班徽从来不是一个人的事，它的诞生需要大家的参与。班徽是一个班级的灵魂体现，也寄寓着班主任治班的理念和老师对你们的期望。这一年，是你们初中生涯的最后一年，老师希望在这一年里，你们无论是在品德还是能力上都有所成长，成为一个“勤”“真”“实”的人。勤劳、真诚，脚踏实地，这是老师对你们的要求。老师给你们时间，但今后你们要时刻想着这三个字，将它们融入你们的作品，用它们来规范你们的言行。说到这里，孩子们都若有所思。就这样，我们决定设计班徽。

二、在群体规范的心理环境下自觉规范行为

有了同一个目标，班级群体规范在孩子们的成长中慢慢形成。在教育中我们知道，孩子终归是孩子，他们的行为需要成人督促，但是若有向上的心理环境，孩子心中时刻想着班徽这件事，想着“勤”“真”“实”，那他们有时只需我们的一个提醒，就能在跑偏的轨道上把自己拉回来。少了教师的疾言厉色，孩子们内心多了感激与愧疚，以此来改变自己的行为，这样的教育不正是我们需要的吗？

晨是一个作弊成习的孩子，作业照抄是常态，甚至考试时也把手机带入了考场。当监考老师将手机没收以后，按理说学生应专心答卷才是，可是这个孩子却脸色发白，无法参加剩下的考试。当听说她被分到我们班时，各科老师都心颤。没过几天，有关她依然抄作业的状就告到了我这里。“嗨，晨！”在走廊里，我与她“不期”而遇，“你的班徽设计得怎么样了？”“还在想，老师。”孩子如实回答。“你想怎么设计‘真’呢？剧透一下你对它的理解吧？”我笑着说。她想了一会儿说：“当真人，做真事，说真话。”“真好，那‘勤’呢？”我一鼓励，孩子也不像刚刚那般拘谨，旁边的同学抢过来说：“勤劳，老师您说过勤能补拙。”“对啦，那‘拙’是从何而来？”“是之前习惯不好落下的差距。”晨小声说。我搂着她俩的肩膀，边走边说：“‘拙’不可怕，我们可以勤学、勤问，脚踏实地，对吧？”聪明的孩子，老师一说到这里，她就懂了。几天过去了，老

师们果然没有再说晨照抄作业了。我知道，教育孩子成长的路不会一帆风顺，也不可能一蹴而就。或许晨还有反复，但是，在班级群体规范的心理环境下，这和风细雨更能长久地滋润孩子的心。在教学中，老师要做的不是出现问题后忙着去解决问题，而是把工作做在问题发生之前，在孩子们心中深植“勤”与“实”的观念，让观念融入行动，随时警示自己，一旦言行偏离了班级群体规范，他就有自觉回归的意识。

三、班级群体规范成就师生

在摸索中前行，我与孩子们已相伴将近一年。我当班主任已十年有余，每每想起自己的教育生活却暗自苦笑。确实，其中的苦乐自知，但是苦大于乐。这么多年走过来，我留给自己的是疲惫的心和一副破锣般的嗓子，得到的并不是桃李满园的欣喜，而是师生再见面时的疏离。我曾想过是学生的不领情，从没认为自己的教育方法不对。但这一年的经历让我有了不一样的感受。因为时时想着班徽，想着如何使自己更符合“勤”“真”“实”，孩子们在不知不觉中形成了积极向上的班级群体规范，他们已经能站在规范的高度来审视自己的言行。原来，只要在他们心中种下积极向上、自觉主动的种子，种子就能生根、发芽。这个过程需要静心，需要等待，需要的是教师的守护，需要我们给予种子成长所需的阳光雨露。设计班徽的日子成就了学生，也成就了我。它让我知道，教育是静的守候，是慢的艺术。看着孩子们一天天长大，想着他们终将要离开，我竟头一次感到不舍。回望这一年，在班徽光辉的指引下，在班级群体规范的心理环境中，我们都找到了前行的动力。

最终，我们的班徽在孩子即将参加中考时终于定稿，它描绘着一个大人领着一群小孩向着光前行的画面。我们的班级群体规范也已形成并深入人心，不管未来如何，我跟孩子们都将脚踏实地，迎着光，自觉成长……

（原文发表于《新班主任》2020 年第 16 期）

随美入室　花开有声

朱孟香

无论是古代的“孟母三迁”，还是习近平总书记提出的“以文化人，以文育人”思想，抑或是苏霍姆林斯基所言“无论是种植花草树木，还是悬挂图片标语，抑或利用墙报，我们都将从审美的高度深入规划，以便挖掘其潜移默化的育人功能，并最终连学校的墙壁也在说话”，由古时到现代，从国内到国外，无不体现出文化在育人方面的重要性。优雅温馨的教室文化是潜在的隐性课程，起着“随风潜入室，润生细无声”的作用。我认为，“会说话的墙壁”应当说学生“爱听”的话，诉学生“动情”的话，言学生“动力”的话。

一、忽如一夜春风来，千树万树梨花开——说学生“爱听”的话

魏书生认为：“班级文化一定是从学生中来，到学生中去的文化。”学生是班级的主人翁，班级文化应该让学生喜闻乐见。

1. 心花怒放，“心话墙放”

我们班教室后方有一面涂鸦墙，上面写满了学生们的留言：有各种风采大秀，有求助发问，也有对老师们的各种看法。这里就是学生们张扬个性的园地，无须审核，即使只是一个简单的笑脸、一连串问号、一个小小的感叹号，都真实地记录了学生们当下的心情。这面墙不仅为学生提供了交流的平台，也让老师能够了解大家的真实想法。

2. 花草起舞，鸟虫私语

亲近自然是孩子们的天性，我发动孩子们自己种植地瓜花、胡萝卜花等绿植，鼓励孩子们给自己的花取个好听的名字。有些孩子还自发带来了在田间捉到的蟋蟀、蜗牛、蚂蚱等，以及自己家养的小金鱼、小乌龟等，教室俨然变成了一个生态园。青翠欲滴的枝叶、星星点点的灿烂小花、窃窃私语的鸟兽虫鱼点缀了教室的每一个窗台。微风吹来，那一盆盆植物像约定好了似的摇摆身姿，奏起了绿色狂想曲，鱼缸里也会偶尔听见淘气的小金鱼戏水的声音。

闲暇之余，我会和孩子们一起解读各种花语，从盆栽里解读出我们师生独特的审美体验。有时也会以此为题材举行写作比赛，鼓励孩子们记录下勤劳耕种的点滴，书写自己与花草虫鱼对话的心灵物语。孩子们文采飞扬地写出了“花开系列”文章。定期的创意评比也是大家最期待的，例如，各种废旧饮料瓶经由剪、挖、钻、刻、烙，变成了一个个花瓶，再栽上植物，俨然成了一盆绝佳的艺术品。这不仅能激发学生们的创新思维，培养学生的动手能力，还可以锻炼学生创造美的能力。孩子们在植物的挑选和养护过程中增强了责任意识；在观察植物生长和改进绿化角的同时，提升了运用科学知识的能力。学习之余，大家有了其他关注点，有了学习之外的共同话题，教室的缕缕绿意都化为学生心灵的萋萋绿洲。

一草一木之所以能够走进教室，不只是因为它的漂亮，更是因为它的寓意；墙上的一言一语、信手涂鸦都在展示着学生的喜怒哀乐，记录着他们的成长。教室因季节的变化而显现出不同的颜色，也在和孩子们一起长大。

二、低眉信手续续“谈”，说尽心中无限事——诉学生“动情”的话

教室不只是一个物理空间的概念，还是一个心理场的概念，是由师生之间、生生之间的互动营造出来的心理空间。怡情温馨的教室文化会让教室变得更有温度。

1.心语心愿，拉近你我

在我们班教室前门的左上方，用全班 42 名学生的笑脸照片组成了一个“家”字。下方是用每个孩子的心愿卡拼成的心愿树，大家可以自愿领取上面的心愿卡，帮助彼此完成心愿。心语心愿箱是

我和孩子们心与心交流的地方，如果孩子们有些事情不方便当面和老师说，就可以通过给老师写信的形式告诉老师。这里有因为父母对自己管教太严而写给老师的求助信，也有建议信、感谢信，还有他们的小秘密……读懂了他们的心情和困惑后，我也会悄悄地把回信夹在他们的课本里，或者私下找一个合适的时间和场合约谈闲聊，给出合理的建议，以不露痕迹的方式打开他们的心结。

心语心愿箱为我和孩子们打开了一扇窗，透过这扇窗，我看到了他们丰富多彩的内心世界，学会了以平等的姿态为他们答疑解惑，也看到了他们心中所期待的教育……我小心翼翼地收藏好这些“心语”。我想，若干年后我们再相聚，这些信件会帮我们打开尘封的记忆，找回逝去的美好。

2. 温馨提示，融化你我

黑板的左面是公告栏，除了百岗表、课程表等，还有一张全班同学的生日表，上面清清楚楚地记录着每个同学的出生日期，每个月，我们都会给本月出生的学生过一个集体生日。

黑板右侧的区域除了天气和重要提示，最常更新的内容就是“祝 ×× 同学生日快乐”，大家可以用即时贴送上祝福。教室的角落里还遍布着温馨小提示，如前门上贴着“脚步轻轻，随手关门”，饮水机上贴着“红色热水，蓝色温水”……

有温度的班级文化让每个孩子的心灵软着陆，让我们的心靠得更近、抱得更紧。

三、莫看江面平如镜，要看水底万丈深——言学生“动力”的话

班级文化传递着老师对学生的期望，蕴含着班级的奋斗目标，激励着每一个同学不断前进。

1. 雅“书”共享，“棋”乐无穷

一个人最好的气质是书卷气，一个班级最好的空气是书香气，图书角是孩子们的“静默课堂”，那里有阅读的沉静，有分享的喜悦，有许多将我们的视线引向校园之外的精彩。

书架上放着同学们自己种植的多肉小盆栽，再配上一丛小吊兰，让图书角瞬间变得温馨而富有生机。同学们阅读疲惫时可以放下书本，看看可爱的绿色小植物，轻抚可爱的多肉小盆栽，或者随手拿起旁边的魔方、九连环等智力玩具把玩一下，抑或和同学对弈一盘象棋，这既可以带来视觉的转移，又是一种惬意的享受。图书角旁边的“‘读’领风骚”留言板可以让大家与图书角来一段“对话”，同学们读书有感时可以随手拿起旁边的即时贴，在这里“挥毫”留言。

为了保证书架的书籍常读常新，满足不同层次学生的阅读需求，每个月我们还会组织一次图书“跳蚤”市场，让图书角魅力升级。

2. 德“财”兼备，知“儒”达礼

后黑板的右侧是我们的光荣榜，每周班长会评出优胜小组，组

长会评出优秀组员，并将印有他们的笑脸张贴在这个板块中。学期结束后，全班每个孩子的笑脸都会在墙面上灿烂绽放。

后黑板的左侧是“抽奖区”和“班级超市”，同学们可以拿着印有班级理念的专属“班币”去班级超市购买自己喜欢的物品。抽奖箱中的奖品有“班级超市”中的物品，也有精神的奖励，例如：“坐坐老师的办公椅”“免作业一次”“排队站在最前面”“换座位”“给父母打电话、发短信报喜”……奖券中的个别“空奖”和神秘大奖更让抽奖活动增添了一些趣味。为了传递正能量，我们还在右墙上开辟了“点赞区”，引导同学们发现和学习身边的榜样，为同学、老师、父母甚至自己点赞，从身边的小事做起，互帮互助，学习榜样，塑造品行。

每一个细节都记载了一个动人的故事，每一个角落都散发着道迷人的风景，每一处布置都闪耀着一簇智慧的火花。让墙壁说话，让环境育人，让班风掌舵，我们静待“花”开。

（原文发表于《今日教育》2019 年第 10 期）

巧用“三力”，让班级文化墙“火”起来

孔金妮

班级文化墙是班级建设不可或缺的一部分。如何让班级文化墙像苏霍姆林斯基所说的那样“会说话”，成为孩子们的引领者，成为孩子们无声的榜样，是我一直思考的问题。实践中，我巧用“三力”让班级文化墙火起来，让孩子们和文化墙有了互动，有了情谊，有了成长的内驱力。

一、故弄玄虚，让班级文化墙有吸引力

“兴趣是最好的老师”。每年我都会在班里进行文化墙的布置，但时间长了，孩子们便对文化墙熟视无睹，让文化墙成了一种摆设，一种“死物”，这与我们设计文化墙的初衷背道而驰。怎样才能把孩子们的眼球吸引到文化墙上，让文化墙有吸引力，发挥它的效能呢？

起初设计班级文化墙，我会先和孩子们商讨墙上都贴什么，然后和孩子们一起设计，一起完成。但一番“大手术”之后，文化墙的吸引力仅能维持一周左右。而且，每次这样的“大手术”，参与的

人都是那几个，其他孩子只会袖手旁观。

后来，我改变了策略。当脑海中有了文化墙设计的雏形后，我不会把我的想法说出来，而是每天在文化墙的前面比画，嘴里念叨着：“这里放什么好呢？”或者拿着孩子们的作业喃喃自语：“这个作业字写得很漂亮，放哪里好呢？”同时，装作一副很为难的样子。孩子们看到我总是拿着不同的东西在墙上比画，而且很为难的样子，也就对此有了兴趣。然后，我再在课下问孩子：“你说，这个地方这样放好还是那样放好？”当然，我会和孩子们展开激烈的讨论，并提出不一样的想法，最后会接纳孩子们的建议。经过这样一番的“折腾”，文化墙的每一个角落都有了孩子们的印记，特别是平日表现得不自信的孩子，他们会开始关注自己的那部分设计，开始感知老师对他们的接纳与尊重。这样的小举动，我会每周不定期地进行一次，以此来吸引孩子们的眼球。如此，他们会想：“我能帮老师出什么好点子，怎样能说服老师，让老师接纳我的建议？”

就这样，滴水穿石，班级的文化墙在我顺水推舟的策划下变成了孩子们的想法试验田，孩子们时不时会跑到我面前告诉我他们又想出了什么好点子，怎样让这里更突出、更实用。这样，文化墙开始变得会说话了。

二、务实去华，让班级文化墙有活力

班级的文化墙上有班名、班风、班规，这些对管理班级来说很实用，但很多时候，这些就成了固化的符号，没有发挥它应有的作用。为了让文化墙的内容能在孩子们的心里留下印记，我会充分发挥它们的作用。比如，有的孩子上课说话违反纪律了，我会让他说出违反了哪条班规，说不出来，就引导他把班规读出来。再如，我们班的班级吉祥物是向日葵，在每天的班会上，我都会提问孩子们班级吉祥物的内涵，让正能量在孩子们心中生根。我曾经参观过杭州的凤凰小学，其班级文化墙的音量等级提示令我印象深刻，孩子们喧哗时，看到墙上的音量提示就会自觉地将音量降下来，这就是文化墙发挥的作用。而我要达到的就是这种效果，不用老师跟在孩子们的屁股后，让文化墙发挥它自身的活力。

三、源头活水，让班级文化墙有生长力

“老师，老师，看，我的这幅画比上一幅更好，能不能挂上去？”班上年龄最小的丹丹正拿着自己的得意之作征求我的意见，要把画挂在墙上。“来，老师看看。”小丹丹马上跑到我面前，等待我的审阅。“你觉得哪儿画得好？”我引导她说出自己的想法。“这儿，这儿好。”她有些羞赧地说道。“是挺好，颜色比上一次涂得更好了。赶紧挂上去吧。”说着，就见她飞一般地用大头针在她那已经很厚的画的上面又增加了一幅。“老师，我今天的数学作业得了100 分，能不能把原来得 B 的换下来。”杰上次因为数学有进步得了B，我将他的作业也贴到了文化墙上，让他也有了自己的一席之地，

他学数学的信心大增……这是我们班孩子的作品展区，开始时这里留了很大一块空白，现在几乎贴满了。在这里，只要是孩子们认为好的都可以往上贴，可以更换下原来的，也可以不断往上增加，只要他们能说出要张贴的理由，我都会让孩子们贴上去。这里成了班级中最“火”的地方。我还时不时给孩子们留个纪念，拍张照发到家长群，让家长也能看到孩子的成长。就这样，孩子们在文化墙的陪伴下找到了自己的成长点，文化墙也记载着孩子们的点滴进步与成长。

文化墙能不能说话，就看孩子们能不能从文化墙中汲取能量获得成长。墙是固定的，但孩子们是鲜活的，只有让孩子们与文化墙有了互动，让文化墙在孩子们心中“火”起来，我们的文化墙才能说出话、会说话、有魅力、有生命力。

（原文发表于《威海教育》2021 年第 6 期）

班级文化墙“润心”细无声

李 楠

苏霍姆林斯基曾说过，只有创造一个教育人的环境，教育才能收到预期的效果。要想创造一个良好的育人环境，班级文化墙的作用不容忽视。

一、打造班级精神展示区，使鼓励无声“润心”

开学之初，班主任要和学生一起商定班名、班规、班训。之后要将这些内容张贴在教室里的醒目位置。这部分内容相当于班级的“精神指向标”，可产生精神引领作用和心理暗示，让班集体所有成员都有一种认同感、自豪感和归属感，从而增强自律意识，自觉约束自身行为。例如：

> **班名：** 日进班
>
> **班训：** 每日一小进，将梦想拉近。
>
> **学生誓词：** 今天的我要比昨天更优秀！ 每天进步一点点，只要在前进，就会离目标更近。我行！我能行！我一定行！

班风一旦形成，便会成为一种强大的精神力量，增强学生的凝聚力、集体荣誉感和归属感，激发学生的进取心和自信心。利用文化墙潜移默化地传播班级精神文化，育人效果比空洞的说教更能深入学生内心。

二、建设班级特色引领区，用主题引导“润心”

班级文化墙是“活”的，一方面在于它可以“激活”学生的内心、激发学生的成长动力；另一方面在于它的内容是“活”的，会随着社会大事件和班级事件的更新而发生改变。我在班中尝试开辟了几个主题育人区：家国时事区、日进展示区和 360 状元区。

家国时事区主要围绕节日和时下热点事件，如中秋节、国庆节、建党 100 周年纪念日等。每期由 个小组通过竞选获得承办权，小组 4 人分工合作，合理设计黑板报并举行主题分享会，向大家讲解节日或事件的起因、意义及个人观点等，在讲解的同时开展班级大讨论，让同学们在思考辩论中观天下、明事理、学做人。

日进展示区张贴的是进步学生的照片，每周更新一次。进步学生名单的来源有三个：一是科任教师根据课后作业、课堂检测和课堂听讲情况提供的名单，二是小组评选出来的进步同学名单，三是个人自荐名单。综合这三个名单，经过大家一致认可后，确定每周进步学生，将其照片张贴在日进展示区。日进展示区中还留有一块目标达成区，这里有每个学生学期初为自己定下的学习目标，如果达到了目标，那么自己的照片也会光荣上榜。

360 状元区是一块个性展示区。有的学生写了一首好诗，就将它塑封后张贴在这里；有的学生会跳舞，就可以将自己跳舞的照片彩印出来贴在上面……这是学生立体展示自我的空间，每一个孩子都很优秀，只不过各自优秀的点不同，这个区域可以让他们尽情地展示自己最出色的一面，让心灵在自信的滋润中健康成长。

三、打造阅读成果展示区，在交流中"润心"

为了鼓励学生阅读名著，我在班级建立了图书角，打造阅读成果展示区。学生可以在这个区域开展一系列活动，如"好书我推荐""名著问题我设计""星级读者我来争""成语大会我最棒"等。每次我都会提前公布活动要求，公开招募活动策划人和主持人等，由学生自己设计活动流程并主持开展活动。我负责用照相机拍下活动的精彩瞬间，活动结束后，把照片张贴在这个区域。阅读成果展示区既培养了学生良好的阅读习惯，又丰富了班级活动，让学生在活动中锻炼能力。

班级文化墙是一首无声的诗，不仅让学生在潜移默化中受到班级文化的熏陶，也让学生的校园生活变得更加绚丽多彩。

（原文发表于《新班主任》2021 年第 28 期）

让班级评价机制拥有温度

李　玲

没有规矩，不成方圆。成立新班级，我们做的第一件事情往往就是立班规。班规中明确迟到、就餐说话、自习课做小动作等都是违纪行为，告诉学生违纪要受到怎样的处罚，也就是说，给学生讲明班级量化考核机制。我曾听到这样一句笑谈："规矩就是用来打破的。"事实上还真是这样，班规往往只是给听话的孩子立的，自制力不高的孩子在经历一段时间的试水后，便将班规视为透明，同时量化考核也失去了应有的威力。为了打破这个怪圈，我结合学校的七彩评价，做了如下尝试：

一、以理服人，让班级量化考核的意义深入人心

国有国法，家有家规，无论受到法律保护的也好，还是约定俗成的也罢，提起来总会让人感觉硬邦邦的，因为其在维护大多数人利益的同时也具有强制性，理性的人绝不敢触碰。而班规其实也是强制学生养成良好的品行，可是与法律不同的是，学生们都知道违反了不会承担法律责任，小惩小戒也不能伤其分毫，所以不断有人

伸出脚去碰一碰。学生已经具备明辨是非的能力，可是不该做的事情为什么还要故意为之呢?

一天早上，我班的小宇又在上课铃响之后，背着书包在门口喊报告。开学时间不长，可他已经迟到多次了。他的认错态度良好，可认错是一回事，再犯又是另一回事。第一节课下课，他主动走到我的跟前:“老师，我错了。”还是老套路。“这句话我听过多次，可是你真的知道自己错在哪里吗？”我的反问让他有了片刻的思考，忽然他仿佛想到了很充分的理由，义正词严道:“老师，迟到了会耽误上课，影响到我的学习；迟到了，老师还会担心我上学路上的安全；迟到了，老师告诉家长，家长也不会有好心情。”“还有吗？”我提醒着。他皱起眉头，当瞥见同学的一刹那，他灵光一现:“迟到了，不但要扣掉我自己的分，而且还拖累我们小组本周的成绩。”我们的评价机制他再熟悉不过了，可是他却一而再、再而三地去触碰，即使自己被戴上不讲诚信、没有集体荣誉感的帽子，也浑然无惧。看来他将诚信和集体看得太轻了，轻到可以不在乎。

过去，我曾给学生们讲过《狼来了》等有关诚信的故事，可是投出去的石头却没有在学生的心中激起涟漪，此时再给他讲大道理想必也是徒劳无益。忽然我想到一件事情，前两天，小宇曾雀跃地告诉我，他家又买了新房子，而且我了解到，除却首付部分，其余是在银行贷的款。于是，我说道:“耽误的学习可以补上，老师和家长对你的关爱是责任，可是人一旦失去了诚信，那他将来必定举步维艰。今天放学回家你问问爸爸妈妈，他们如果达不到相应的信用等级，还能从银行贷款吗？你家还能买新房吗？”我点到即止，第二天他早早地就来到学校，而且到目前为止，他已经很长一段时间没有迟到过了。

学生违反班规后，当周他就失去了得到“美德修身”卡的机会，同时要给小组扣分，小组如取得当周积分的前三名才可以获得“合作分享”卡。每周我会总结一次学生的得卡情况，每获得一张卡可以得到班级诚信分 1 分，其功效则仿照当今社会考核成人诚信等级那样分为 A 等、B 等、C 等，只有达到 A 等的同学，才有资格参加班级和学校的各类荣誉的评选，即使考试优秀但达不到诚信 A 等，也不能参加评选。

可是，让我没有预料到的是班上有部分学生眼看评优无望，就破罐子破摔，将诚信抛之脑后，看来学生只是将诚信当成了评优的条框，根本不了解其背后的意义。小宇的事情给了我启发，对于班级量化评价机制，要让学生不但知其然，还要知其所以然，要让学生明白诚信的真正含义。生活中诚信的故事有很多，有学生亲身经历的，也有他人的事情，每当遇见，我都会提供机会让学生在班上讲一讲。让学生讲自己的故事，当融入切身感触后，故事会更生动；让学生讲他人的故事，加入自己的点评和情感后，故事往往会充满理性的光芒。

有了对诚信的深入理解，学生中很少出现“重蹈”同一个错误的现象，学生有了维护自己诚信度的意识，班级评价才真正步入正轨，朝着大家希望的方向给予学生约束和激励。

二、以情动人，让考核机制散发情谊的光芒

初秋的阳光依然留存着夏日的毒辣，只一会儿，站军姿的学生们额头上就纷纷冒出了汗珠，那种被炽热侵蚀皮肤的感觉，瞬间将刚才大家齐喊“我能行，我能坚持”的士气打击得溃不成军。10 分钟的时间刚过一半，就有人趁我走过时偷偷擦拭汗水，而我眼睛的余光早已经瞟见他的小伎俩。我们的约定是站军姿时有一个人做小动作，全体就加时 1 分钟。可是，当我第一个加时的口令发出后，后面依然有人不顾全体同学的陪罚做出违规的行为。其实 10 分钟说长也不长，四年级的学生应该有这样的自控能力，本来我想用集体来约束个人，没想到并未达到我预想的效果，这也反映出学生缺乏集体意识。

在确定班级评价考核制度时，我想到考核不但要对个人有激励作用，还要培养学生的团结精神，于是就形成了个人诚信评价和小组绑定评价的双线评价机制。

小组绑定评价是这样来实施的：每六人一小组，个人诚信分最高者为组长，这是对讲诚信同学的赞许和奖励，组长每周负责汇总当周小组所有人的诚信总分，得分高的小组不但能得到七彩卡，还会获得集体奖励。为了激发学生的积极参与意识，我在班上召开了关于奖品设定的班会，按照大家的意愿，奖品有一次平日免作业权、一周优先借阅图书权、一次自主选择同桌权等。

绑定评价配合着奖励机制，我预想的效果是形成你追我赶的竞

争氛围和团结协作的小团体意识，可是施行时，却事与愿违。没有得到奖励的小组出现了对拖后腿同学的抱怨声，甚至有小组长找我说“我们组不要某某同学了”。学生在利益面前就不要情谊了吗？

口风琴合奏是学校的传统比赛项目，只要是比赛，就要一较高下。学生们跃跃欲试，誓要在此次比赛中一雪军训比赛的前耻。看着大家每天背着口风琴走在上学和放学的路上，听着大家认真卖力地一遍遍练习，见到编排时学生们的出谋划策，我喜上眉梢。我希望学生在比赛中能够勇争第一，不为虚荣，只为让学生们真正感受到为集体努力后品尝成功的喜悦。可是，用功练习后，班里仍然有三个学生跟不上节奏，这可愁坏了大家。每当因为出现走音而停下练习时，这三个人都一脸的窘迫，他们真不是故意的。为了演奏得整齐，有人建议不让这三个人上场，有人建议这三个人滥竽充数，可无论是弃权还是当南郭先生，都是对这三个人的伤害。我对学生们说：“成绩固然重要，可是，你们每个人在老师心中都很重要。我不希望有人掉队，更不希望有人无视对同伴的伤害，因为我们是一个整体，我们应该团结一心。”两个提建议的同学羞红了脸，于是，班上集思广益寻找帮助同学跟上节奏的方法。人多力量大，有人主动当起了陪练，有人提议让他们每个小节弹第一个音，当跟上后，再尝试弹奏两个音。功夫不负有心人，在比赛中，我们班全部上场，每个学生都全力以赴，大家如愿品尝到了成功的喜悦。

活动过后，我上了一节班会课，对口风琴比赛过程进行了总结，学生们纷纷谈论着自己的收获，兴奋之情溢于言表。到了“论功行赏”的环节，有人提出文艺委员在活动中发挥了组织的作用、功劳最大，建议多奖励分数；有人建议给“小老师”多加几分，因为他们帮助集体解决了难题。可是，我说最大的功臣是曾经跟不上节奏的那三名同学。同学们愣住了。于是，我给大家讲了赛龙舟的故事，决定成败的关键不是在于有几个快手，而是在于所有人的同一速度、同一力道。如果这三名同学装腔作势，那么口风琴合奏时就少了三份力量；如果这三名同学没有上场，那么现在就会缺少三颗愉悦的心，作为他们的同伴，你还能这样尽情享受成功的喜悦吗？

大部分学生在这次切身体验和反思后，获得了对集体的再认识。从那以后，我发现了一个有趣的现象，小组长纷纷自发地组织帮携活动，给拖拉的同学提个醒，给学有疑惑的同学当小老师，即使有人因参加活动不能及时做值日，也有同学主动代劳……当然，从那以后，我再也没有收到“我们组不要某某同学”的提议。

班级评价机制不但需要拥有制度性，还要散发着人文性。在聆听上海语文教育教学专家李伟忠的培训课时，他的一个观点让我十分赞同，他说对于小学生来说，情比理更重要。是呀，情之所至，学生对于理的理解自然深。每个年级的学生有不同的年龄特点，即使同一个年级的学生也会存在各个方面的差异，班级评价机制的设定要根据学生的实际情况调整，可是有一点是不变的，那就是将学生之间的情谊融入其中，这样的班级评价才有温度。

（原文发表于《青年教师》2021 年第 1 期）

后记

众人拾柴，方能燃起成长的燎原之火

威海教育名家雪梅班主任工作室的成长书系全部交稿后，如同审视着一颗历经了漫长时光孕育才终于萌芽的种子一般，我竟喜极而泣。真的，有什么能比得上一路耕耘一路收获这种踏实的体验更令人幸福和感动呢！

围绕着新班接手后的建设行动、家校共育的力量凝聚、学生成长的心灵关照、班级故事的意蕴解读、班主任的成长突围这五个层面，工作室三年多的研究成果终于能够以一种相对系统的方式被细细梳理和呈现。我们的初衷很简单，希望能为有带班困惑的老师提供一些方法上的借鉴，希望能为渴望成长和突破的班主任提供一些行动上的参照，希望能为卓越班主任共同体的发展提供些许启迪，最终让班主任这个群体中成长的星星之火慢慢引发燎原之势。

任何一件事，想总是容易的，难的是付诸行动的过程，我们这套书的梳理亦是如此。要把近千万字的发表成果汇总起来，全面审视后再分门别类地整理、精选，形成一本本的著作，这件事相当耗费时间和心力，绝非几人之力所能完成的。

幸运的是，这一庞大的工程得到了很多领导、老师的大力支持和全情参与。在整套书的策划中，威海市教育教学研究院教师发展研究室的温勇主任对于书系该如何进行系统构建、每本书该如何贴近一线班主任的发展需求来选材布局等都给予了全程的跟进指导。他高屋建瓴的专业引领和无时无刻不在的关心是我编著过程中最大的行动底气。由于工作室全体成员在持续进行着叙事德育模式的实践和研究，已经无暇分身，因此雪梅班主任工作室的“编外”成员王迎军、卢桂芳、李楠、李竺姿等老师牺牲了大量业余时间，承担了各本书稿的选编工作。他们担得起、想得细、行得勤的参与姿态是我编著行动中最强大的人力支持。书稿的审核和校对工作千头万绪，雪梅读写团队的刘艳霞、韩艳颖、车英等十多位老师主动请缨，让我拥有了虽工作烦琐却从容应对的状态。他们积极参与的热情，给了我把这套书做细、做好的信心。我所在的工作单位荣成市教育教学研究中心的各位领导，在做工作安排时总是尽可能地保障我可以把主要精力投入工作室建设和班主任专业成长引领上来，这份支持和包容让我有了把工作室研究做专、做精的可能，他们永远是我研究之路上最坚实的后盾……如果说，雪梅班主任工作室三年以来还算是交出了令人满意的答卷，那么众人“拾柴”，才是每一份成长启动的力量源泉。

我不是一个善于表达情感的人，更何况，那些或静默或热烈的支持与鼓励，更像是一群有着共同教育追求的人不断为一点星星之火添加燃料的过程，更像是众人拾柴燃起高高火焰的过程，大家的所有奔赴无非是为了成长——学生的成长，教师的成长，以及教育的成长。由此来看，追寻成长是每一个心怀教育的人共同方向，简单的“谢谢”二字显然已无法诠释我内心复杂的情感。

“就这样做一个生命有光的人吧。让我们先相互点燃，再去映照更多成长的美好！”我对自己说，对一路与我同行、一路予我帮携鼓励的教育人说，也对每一位阅读雪梅班主任成长书系的老师说。我所有的教育追求和情感，唯此而已！

雪　梅

2023年3月8日